S. 1 R Schäfer
Birkelsgrund 9
69488 Birkenau
06201-873144

Liebe Leserin, lieber Leser,

es freut mich, dass Sie sich für einen Titel aus der Reihe "Studien 2002" entschieden haben. Diese Reihe wurde von mir zusammengestellt, um einem breiten Publikum den Bezug von herausragenden wissenschaftlichen Abschlussarbeiten zu ermöglichen. Bei den Abschlussarbeiten handelt sich um hochwertige Diplomarbeiten, Magisterarbeiten, Staatsexamensarbeiten oder Dissertationen mit einer sehr guten Bewertung.

Diese Studien beschäftigen sich mit spezifischen Fragestellungen oder mit aktuellen Themen und geben einen guten Überblick über den Stand der wissenschaftlichen Diskussion und Literatur. Wissenschaft und andere Interessierte können durch diese Reihe Einblick in bisher nur schwer zugängliche Studien nehmen.

Jede der Studien will Sie überzeugen. Damit dies immer wieder gelingt, sind wir auf Ihre Rückmeldung angewiesen. Bitte teilen Sie mir Ihre kritischen und freundlichen Anregungen, Ihre Wünsche und Ideen mit.

Ich freue mich auf den Dialog mit Ihnen.

Björn Bedey
Herausgeber

Diplomica GmbH
Hermannstal 119k
22119 Hamburg

www.diplom.de
agentur@diplom.de

Kossmann, Yvonne: Hochbegabte Kinder in Kindertagesstätte und Grundschule: Verkannt und vernachlässigt, umworben und gefördert / Björn Bedey (Hrsg.), Hamburg, Diplomica GmbH 2002

Zugl.: Koblenz-Landau, Universität, Diplom, 2001

ISBN 3-8324-5551-5
© Diplomica GmbH, Hamburg 2002

Bibliografische Information der Deutschen Bibliothek
Die Deutsche Bibliothek verzeichnet diese Publikation in der Deutschen Nationalbibliografie; detaillierte bibliografische Daten sind im Internet über <http://dnb.ddb.de> abrufbar.

Dieses Werk ist urheberrechtlich geschützt. Die dadurch begründeten Rechte, insbesondere die der Übersetzung, des Nachdrucks, des Vortrags, der Entnahme von Abbildungen und Tabellen, der Funksendung, der Mikroverfilmung oder der Vervielfältigung auf anderen Wegen und der Speicherung in Datenverarbeitungsanlagen, bleiben, auch bei nur auszugsweiser Verwertung, vorbehalten. Eine Vervielfältigung dieses Werkes oder von Teilen dieses Werkes ist auch im Einzelfall nur in den Grenzen der gesetzlichen Bestimmungen des Urheberrechtsgesetzes der Bundesrepublik Deutschland in der jeweils geltenden Fassung zulässig. Sie ist grundsätzlich vergütungspflichtig. Zuwiderhandlungen unterliegen den Strafbestimmungen des Urheberrechtes.

Die Wiedergabe von Gebrauchsnamen, Handelsnamen, Warenbezeichnungen usw. in diesem Werk berechtigt auch ohne besondere Kennzeichnung nicht zu der Annahme, daß solche Namen im Sinne der Warenzeichen- und Markenschutz-Gesetzgebung als frei zu betrachten wären und daher von jedermann benutzt werden dürften.

Die Informationen in diesem Werk wurden mit Sorgfalt erarbeitet. Dennoch können Fehler nicht vollständig ausgeschlossen werden, und die Diplomica GmbH, die Autoren oder Übersetzer übernehmen keine juristische Verantwortung oder irgendeine Haftung für evtl. verbliebene fehlerhafte Angaben und deren Folgen.

Yvonne Kossmann

Hochbegabte Kinder in Kindertagesstätte und Grundschule

Verkannt und vernachlässigt, umworben und gefördert

Die Autorin, Yvonne Kossmann, hat, nach ihrem Abitur und einem „Freiwilligen Sozialen Jahr" im Vorschulbereich, Diplom-Erziehungswissenschaften an der Universität in Koblenz studiert. Ihre Schwerpunkte waren dort, neben dem Hauptfach Erziehungswissenschaften, Psychologie und die Pädagogik der frühen Kindheit. Nach neun Semestern erhielt sie im Dezember 2001 ihr Diplom.

Neben dem Studium arbeitete die Autorin Halbtags in einem Montessori-Kinderhaus. Überzeugt von der Montessori-Pädagogik besuchte die Autorin zwei Jahre lang einen Montessori-Diplom-Kurs an den Wochenenden. Im Juni 2001 wurde ihr das Montessori-Diplom überreicht.

Durch die Recherchen zu der vorliegenden Diplomarbeit wurde die Elterninitiative „Kopfstand" in Mayen (bei Koblenz) auf die Autorin aufmerksam. Die Elterninitiative besteht aus Eltern hochbegabter Kinder, deren Zielsetzung die Früherkennung und Frühförderung hochbegabter Kinder, Elternberatung und pädagogische Weiterbildung ist.

Die Autorin ist seit September 2001 innerhalb der Elterninitiative „Kopfstand" als fachwissenschaftliche Beraterin tätig. Durch qualifizierte Mitarbeiter und einer Kooperation mit dem Psychologischen Institut der Universität Koblenz kann „Kopfstand" eine direkte Anlaufstelle für hochbegabte Kinder, ihre Eltern und Erzieher/innen und Lehrer/innen bieten.

In ihrer Tätigkeit als fachwissenschaftliche Beraterin führt die Autorin regelmäßig Elternberatungsgespräche, hält Vorträge zum Thema „Hochbegabung" und hat mit den Eltern von „Kopfstand" ein Konzept zur vorschulischen und schulischen Förderung hochbegabter Kinder entwickelt. Die Möglichkeit zur praktischen Umsetzung dieses Konzeptes wird der Autorin ab September 2002 durch die Zusammenarbeit mit der Familien-Bildungsstätte und dem Megina Gymnasium in Mayen gegeben.

Das Förderkonzept basiert auf den Grundlagen der Montessori-Pädagogik und stellt fachwissenschaftlich ein noch weitgehendst unerforschtes Gebiet dar. Aus diesem Grund wird die Autorin das Konzept in ihrer Dissertation zum Thema „Die Förderung hochbegabter Kinder im Vorschulbereich innerhalb der Montessori-Pädagogik" wissenschaftlich darlegen. Die Dissertation wird zur Zeit an der Westfälischen Wilhelm Universität in Münster bearbeitet.

Inhaltsverzeichnis

INHALTSVERZEICHNIS -- 4

1. EINFÜHRUNG --- 6

2. ZUM BEGRIFF HOCHBEGABUNG --- 8

2.1 Intelligenz und Talent --- 9

2.2 Kreativität -- 12

2.3 Hochbegabung - ererbt oder umweltbedingt? ------------------------------------ 14

2.4 Zusammenfassung --- 17

3. DEFINITIONEN VON HOCHBEGABUNG ------------------------------------ 19

3.1 Motivation als Definitionskriterium --- 24

3.2 Zusammenfassung --- 25

4. BEGRIFFBESTIMMUNG INNERHALB DIESER ARBEIT ----------------- 26

5. FACHWISSENSCHAFTLICHE ERKENNTNISSE --------------------------- 27

5.1 Früherkennung und Frühförderung --- 28

5.2 Hochbegabte Kinder in der Kindertagesstätte ------------------------------------ 33
    5.2.1 Asynchronie -- 38

5.3 Hochbegabte Kinder in der Grundschule -- 43
    5.3.1 Akzeleration und Enrichement -- 46
    5.3.2 Die Rolle des Lehrers -- 52

5.4 Zusammenfassung --- 55

6. HOCHBEGABTE KINDER UND DIE GESELLSCHAFT ---------------------- 58

6.1 Gesellschaftliche Vorurteile gegenüber Hochbegabung ----------------------- 59

6.2 Gesellschaftliche Vorurteile gegenüber den Eltern hochbegabter Kinder --- 62

6.3 Weshalb sollte eine Gesellschaft Hochbegabungen fördern? ---------------- 64

6.4 Zusammenfassung --- 65

7. HOCHBEGABTE KINDER IN BILDUNGSEINRICHTUNGEN DER BUNDESREPUBLIK -- 67

7.1 Allgemeine Bestimmungen -- 68
7.1.1 Das Kindertagesstättengesetz in Rheinland-Pfalz -- 69
7.1.2 Die Leitlinien des Kultusministeriums Rheinland-Pfalz für die Arbeit in der Grundschule -- 76

7.2 Studie zur aktuellen Situation hochbegabter Kinder in Kindertagesstätten und Grundschulen -- 84
7.2.1 Problemformulierung -- 86
7.2.2 Beschreibung des Untersuchungsrahmens -- 88
7.2.3 Auswertung -- 89

7.3 Zusammenfassung -- 106

8. POLITISCHE MAßNAHMEN ZUR SPEZIELLEN FÖRDERUNG HOCHBEGABTER KINDER IN DER BUNDESREPUBLIK -- 109

8.1 Parteipolitische Konzepte zur Förderung Hochbegabter innerhalb der Bundesrepublik -- 113

8.2 Die bundesdeutsche Hochbegabtenförderung im Vergleich auf internationaler Ebene -- 120

8.3 Zusammenfassung -- 128

9. ENDRESUMEE -- 129

1. Einführung

Nach Angaben der Deutschen Gesellschaft für das hochbegabte Kind (DGhK) sind etwa 2 % aller Kinder der Bundesrepublik von qualifizierten und amtlichen Verfahren als hochbegabt diagnostiziert. Dabei wird der Prozentwert durchaus noch höher geschätzt, da vermutlich nicht alle hochbegabten Kinder als solche erkannt und somit statistisch registriert sind. Es kann also von einer Dunkelziffer gesprochen werden.

Hochbegabte Kinder sind in erster Linie Kinder. Sie benötigen eine ausgewogene Ernährung, einen hygienischen Mindeststandard, Liebe und Aufmerksamkeit und Richtlinien innerhalb ihres Tagesablaufs, wie alle anderen Kinder auch. Unter allen Kindern lassen sich, schüchterne und mutige, lebhafte und ruhige oder besonders neugierige Kinder finden. Dennoch unterscheiden sich einige Kinder in besonderen Fähigkeiten von ihren Altersgenossen. Diese besonderen Fähigkeiten lassen manche Kinder als hochbegabte Kinder erkennen.

Das Phänomen der Hochbegabung soll innerhalb dieser Arbeit im Mittelpunkt stehen. Welche Voraussetzungen müssen bestehen, damit ein hochbegabtes Kind zunächst einmal überhaupt als solches erkannt wird? Ferner ist dann zu sehen, welche Konsequenzen mit der Diagnose „Hochbegabung" einhergehen. Benötigt ein hochbegabtes Kind spezielle Betreuungs- und Fördermaßnahmen? Welche Voraussetzungen müssten dann in unseren Bildungseinrichtungen gegeben sein?

In einer ersten Begriffsbestimmung sollen dazu in dieser Arbeit zunächst verschiedene fachwissenschaftliche Theorien zur Hochbegabung erläutert werden. Welche Aspekte müssen zusammenwirken, damit sich eine Hochbegabung entfalten kann? Auch die Rolle der Kreativität soll hierzu untersucht werden. Ist Kreativität eine besondere Form der Hochbegabung? Oder kann sie als Voraussetzung für überdurchschnittliche Fähigkeiten gesehen werden?

Zu einer näheren Begriffsbestimmung ist es auch wichtig zu erfahren, ob Hochbegabung ererbt wird, also genetisch festgelegt wird, oder ob bestimmte Umweltbedingungen für die Entfaltung von besonderen Potentialen verantwortlich sind. Hier ist ein fachwissenschaftlicher Streit zu beobachten, der seit den Anfängen der Intelligenzforschung besteht.

Um ein Phänomen zu erkennen sind verbindliche Anhaltspunkte wichtig. Deshalb soll innerhalb dieser Arbeit auch Definitionen zur Hochbegabung behandelt werden. Hier ist es wichtig zu sehen, ob sich die Hochbegabung an bestimmten Kriterien erkennen lässt. Dabei stellt sich auch die Frage, ob eine bestimmte Definition zum Phänomen der Hochbegabung überhaupt existiert.

Nach der näheren Phänomenbeschreibung sollen die pädagogischen Konsequenzen erläutert werden. Nach der Erkennung eines hochbegabten Kindes ist es wichtig zu sehen, welche Fördermaßnahmen gegeben werden müssen. Sind bei hochbegabten Kindern typische Probleme zu erkennen, an denen die Förderkonzepte anzusetzen haben? Es sei zunächst der fachwissenschaftliche Anspruch beschrieben. Anhand neuer pädagogischer und psychologischer Erkenntnisse zu diesem Thema soll dargelegt werden, welche Bedingungen für ein hochbegabtes Kind gegeben sein müssen, um Problemen entgegenzuwirken und um Fähigkeiten zu fördern.

Bevor dann nach dem fachwissenschaftlichen Anspruch die bildungspolitische Realität in der Bundesrepublik aufgezeigt werden soll, deren Schwerpunkt in dieser Arbeit innerhalb der Vor- und Grundschulerziehung liegt, erscheint es wichtig, die gesellschaftliche Einstellung in Bezug auf hochbegabte Kinder zu erläutern. Innerhalb der Geschichte konnte immer wieder gesehen werden, dass die gesellschaftliche Sensibilität zu einem Thema die bildungspolitischen Gegebenheiten beeinflussen kann. So wurde z.B. erst nach Forderungen aus der Gesellschaft die Integration Behinderter bildungspolitisch umgesetzt. Insofern erscheint die Darlegung der gesellschaftlichen Meinung zum Thema Hochbegabung wichtig.

Nachdem fachwissenschaftlich aufgezeigt wurde, welche besonderen Voraussetzungen und Fördermaßnahmen für hochbegabte Kinder wichtig sind, sollen die bildungspolitischen Gegebenheiten in der Bundesrepublik daraufhin untersucht werden. Dabei sollen zuerst die allgemeinen Bestimmungen der Kindertagesstätten und Grundschulen untersucht werden. Wie ist das bundesdeutsche Bildungssystem in Allgemeinen dazu beschaffen, Kinder mit besonderen Fähigkeiten aufzufangen?

Um ein genaueres Bild von der aktuellen Situation hochbegabter Kinder in bundesdeutschen Regeleinrichtungen zu erhalten, wurde innerhalb dieser Arbeit eine Studie an zehn Bildungseinrichtungen in Rheinland-Pfalz durchgeführt. Die vorher angesprochenen bildungspolitischen Verordnungen konnten so in der Praxis genauer untersucht werden. So konnte aufgezeigt werden, wie hochbegabte Kinder im Besonderen von den Pädagogen betreut werden und welche Probleme bestehen.

Unter Berücksichtigung dieser Ergebnisse sollen dann besondere politische Maßnahmen zur Förderung hochbegabter Kinder in der Bundesrepublik erörtert werden. Sind bildungspolitisch besondere Konzepte vorgesehen, um den Problemen hochbegabter Kinder entgegenzuwirken? Hierzu soll auch eine Stellungnahme des Bildungsministeriums Rheinland-Pfalz zu diesem Thema näher untersucht werden. Sind die Vorschläge und Maßnahmen des Ministeriums zur Förderung hochbegabter Kinder in den Bildungseinrichtungen sinnvoll, unter der besonderen Berücksichtigung der vorliegenden Studie?

Zuletzt sei noch ein kurzer Blick auf die bildungspolitischen Fördermaßnahmen anderer Länder zugewandt. Welche Unterschiede liegen im Vergleich zu bundesdeutschen Förderkonzepten vor? Außerdem soll anhand von internationalen Schülerwettbewerben dargestellt werden, ob sich die Bildungspolitik der Länder in den Leistungen ihrer Schüler widerspiegelt.

2. Zum Begriff Hochbegabung

Der Begriff „hochbegabt" taucht laut FEGER (1988, S. 55) seit der Jahrhundertwende im deutschen Sprachgebrauch auf. Dabei würden „hochbegabt" und „begabt" häufig synonym verwendet. Zusätzlich nennt HEINBOKEL (1996, S. 25) Begriffe, wie „Spitzenbegabte", „Befähigte" und „besonders Begabte", die mittlerweile in der Bundesrepublik verwendet würden.

Jemand, der begabt ist, zeigt größere Fähigkeiten auf einem oder mehreren Gebieten, als der Durchschnitt. Dabei stellt sich jedoch die Frage, ob diese Fähigkeiten sich quantitativ oder qualitativ vom Durchschnitt unterscheiden. Diese Frage beschäftigt auch die Fachliteratur. Die Auffassungen sind meist von den jeweiligen Grundlagen abhängig, nach denen Hochbegabung verstanden wird. So bestimmen „Ex-post-facto-Definitionen" Hochbegabte an den Leistungen, die sie in ihrem Leben erbracht haben. Diese Menschen werden dann rückblickend als hochbegabt diagnostiziert.

Die erbrachten Leistungen zeichnen sich dabei jedoch durch Originalität und dem Nutzen für die Gesellschaft aus. Sie werden meist mit anderen Produkten verglichen (z.b. Vergleich der Gemälde zweier Künstler). Dabei spielt dann die Qualität eine Rolle und nicht die Quantität. So hat z.b. die Schriftstellerin Emily Bronte nur einen Roman veröffentlicht. Dennoch ist sie als Schriftstellerin in Fachkreisen anerkannt. Die Anzahl der Leistungen sind hier unwichtig.

Bei den Bestimmungen des IQs durch Intelligenztests kommt es jedoch auf die Schnelligkeit und auf den Umfang des Wissens an. Die Fragen zielen eher auf die Allgemeinbildung, also auf die Fülle des angehäuften Wissens. Bei den Antworten kann es meist nur ein Ergebnis geben. Eine Antwort kann hier also nicht qualitativ „besser" sein, als die einer anderen Person. Hier liegt dann eine quantitative Unterscheidung vor.

Die neuere Literatur sieht eher eine Kombination von qualitativen und quantitativen Merkmalen. So meint HEINBOKEL (1996, S. 33):

„Eine einzig isolierte Eigenschaft, wie z.B. ein gutes Gedächtnis oder ein geringes Schlafbedürfnis oder frühes Laufenlernen, reicht nicht aus, um ein Kind mit dem Begriff „hochbegabt" zu belegen. Anders sieht es aus, wenn ein Kind über alle drei genannten Eigenschaften verfügt und außerdem logisch denken und Schlüsse ziehen kann. Zusätzlich zur Anzahl ihrer besonderen Fähigkeiten kommt die Qualität."

Das hochbegabte Kind zeichnet sich also nicht nur durch die Anzahl seiner Fähigkeiten aus, sondern auch darin, wie sich diese Fähigkeiten qualitativ zu denen anderer Kinder unterscheiden.

2.1 Intelligenz und Talent

Mit dem Begriff „Hochbegabung" gehen oft die Begriffe „Intelligenz" und „Talent" einher.

Der Begriff „Intelligenz" wird meistens dann erwähnt, wenn die Hochbegabung intellektuelle Fähigkeiten beschreibt. Dem hochbegabten Menschen - hier Kind - wird dann ungewöhnliche Denkprozesse von hoher Qualität zugeschrieben. So definiert ZIMBARDO (1995, S. 528) Intelligenz als die „Fähigkeit, aus Erfahrungen Nutzen zu ziehen und das Gegebene in Richtung auf das Mögliche zu überschreiten."

Intelligenz macht demnach nicht nur ein angehäuftes Wissen aus, sondern zeigt sich darin, das Wissen folgerichtig umzusetzen und zu neuen Erkenntnissen zu gelangen. Der Begriff unterliegt somit dem Aspekt der Leistung. Hochbegabt ist der, der Probleme mit einem ökonomischen Einsatz seiner intellektuellen Fähigkeiten zu lösen imstande ist.

Unter „Talent" wird meist eine Sonderbegabung verstanden. So werden in unserem Wortgebrauch die meisten Spitzensportler als talentiert und weniger als hochbegabt bezeichnet.

MÖNKS / YPENBURG (1998, S. 29) verweisen darauf, dass der Begriff „Talent" in der Fachwissenschaft häufig dann erwähnt wird, wenn hervorragende Leistungen auf nur einem Gebiet gezeigt werden. Der Leistungsaspekt ist also auch bei dem Talentbegriff von Bedeutung. Die Fähigkeiten beschränken sich jedoch nur auf einen speziellen Bereich (z.b. Musik, bildende Künste, Sport).

Gibt es nun aber eine Wechselbeziehung dieser beiden Begriffe? Ist z.B. Intelligenz eine Voraussetzung, um auf einem Gebiet talentiert zu sein?

Eine Unterscheidung von Intelligenz und Talent innerhalb des Begabungsbegriffes findet sich bei W. STERN (nach FEGER, 1988, S.56). Als Talent bezeichnet STERN eine Sonderbegabung. Damit versteht auch er Talent als Begabung auf einem isolierten Gebiet. Intelligenz dagegen verwendet STERN unter dem Begriff der Allgemeinbegabung.

Wenn nun Talent als eine Sonderbegabung bezeichnet wird, so erhält der Begriff eine abgesonderte Stellung innerhalb der Hochbegabung. So wie z.B. auch Sondereinrichtungen einen zusätzlichen Aspekt innerhalb der allgemeinen Einrichtungen erhalten.

Talent ist demnach also nur ein besonderer Teil innerhalb des Begabungsbegriffes. FEGER meint hierzu:

„... Talent (bedeutet) häufig ein überaus vielversprechendes, aber noch nicht völlig ausgereiftes Potential, die Begabung hingegen gilt als auf der Spitze der Leistungsfähigkeit stehend."
(FEGER, 1988, S.56)

Als Voraussetzung zur Allgemeinbegabung nennt STERN die Intelligenz. Damit rückt auch die Messung des IQs in den Vordergrund. Als allgemein begabt gilt nach dieser Begriffsbeschreibung jemand, der eine festgelegte Grenze innerhalb der Intelligenzmessung überschritten hat.

Im Verlauf der Forschung der Intelligenzmessung wurden verschiedene Modelle entwickelt, die einzelne Faktoren der Intelligenz herausstellen. So nennt z.B. THURSTONE in seinem multiplen Faktorenmodell Sprachverständnis, Wortflüssigkeit, Gedächtnis, Fähigkeit zum Lösen von Rechenoperationen, Raumvorstellung, sowie induktives und deduktives Denken (nach FEGER, 1988, S. 63). Für WECHSLER, dem Begründer der Wechsler-Intelligence-Scale for Children, die hierzulande unter dem Intelligenztest HAWIK bekannt ist, zeichnet sich Intelligenz nicht nur dadurch aus, dass ein Mensch diese Fähigkeiten besitzt, sondern auch, wie er sich diese Faktoren zu Nutze macht (siehe EGGERT / WEGNER-BLESIN, 2000).

Wie sind nun die Begriffe Intelligenz und Talent im Bezug zu einander zu sehen? Aufschluss geben hierzu Studien von TERMAN aus dem Jahre 1921/22 (siehe EWERS, 1978, S. 4 ff). TERMAN begann 1921 an der Stanford Universitiy in Kalifornien eine Langzeitstudie über hochbegabte Kinder. Er untersuchte 1500 Schüler bezüglich ihres IQs, wobei die Kinder, die einen IQ von 140+ aufwiesen als hochbegabt galten. TERMAN begleitete die hochbegabten Personen über mehrere Jahrzehnte bis zu seinem Tode und sammelte Daten bezüglich ihrer Entwicklung. Die Studie wird heute noch von Mitarbeitern fortgeführt. In seiner Studie hatte TERMAN nun auch solche Kinder ermittelt, die einen IQ unter 140 aufwiesen, jedoch Talente im Zeichnen, Malen oder in der Musik aufwiesen. Zum zweiten Untersuchungszeitpunkt wurden jedoch Talente solcherart ausschließlich an den als hochbegabt eingestuften Kindern beobachtet. Hohe intellektuelle Fähigkeiten scheinen demnach eine Vorbedingung zur Entfaltung von Talenten zu sein.

Und so meinen auch DeHAAN und HAVIGHURST:

„Intelligenz oder intellektuelle Fähigkeit ist die Grundlage aller anderen Talente, ..."

(zitiert nach FEGER, 1998, S. 33)

Das Hervortreten von Talenten scheint daher von der Intelligenz einer Person abhängig zu sein. Als Schlussfolgerung auf die angeführten Studien können besondere Talente nur auf dem Hintergrund von intellektuellen Fähigkeiten entstehen. Damit müssten auch gesellschaftliche Vorurteile, wie das Bild eines sportlich talentierten, intellektuell aber unterbemittelten Sportlers revidiert werden. Sein besonderes Talent müsste aus der Grundlage von intellektuellen Fähigkeiten heraus entstanden sein.

In diesem Zusammenhang sei aber auf das Phänomen sogenannter „Fachidioten" hingewiesen (vergl. FEGER, 1988, S. 93). Hier wurde ein besonderes Talent stark gefördert, während alle anderen Fähigkeiten verkümmert sind. Eine einseitige Begabung kann somit auf eine einseitige Förderung zurückgeführt werden.

2.2 Kreativität

Im Verlauf der Intelligenzmessung kam es vermehrt zu Kritiken bezüglich der Intelligenztests. Neben den Einwänden, dass die Tests meist auf Kinder der Mittelklasse zugeschnitten wären und dass ein Testergebnis von den Testbedingungen, wie z.b. die jeweilige Tagesform der zu testenden Person, abhängig ist, wurde vor allem der ausschließliche Schwerpunkt auf dem konvergenten Denken bemängelt.

Konvergentes Denken meint intelligentes Denken. Bei dieser Art von intelligentem Denken, gibt es jedoch nur eine Lösung und auch nur einen Lösungsweg. Menschen mit Fähigkeiten im konvergenten Denken suchen nicht nach alternativen Lösungsvorschlägen. Sie zeichnen sich vielmehr dadurch aus, dass ein Problem schnell und exakt über einen bestimmten Lösungsweg gelöst wird. Die meisten Intelligenztests kommen dem konvergenten Denken entgegen, da auch bei ihnen meist nur ein Ergebnis das richtige sein kann.

Als einer der ersten kritisierte GUILFORD 1950 die herkömmlichen Intelligenztests (siehe FEGER, 1988, S. 65). Nach seiner Auffassung besitzt jeder Mensch nicht nur ein konvergentes, sondern auch ein divergentes Denken. Mit divergentem Denken ist das kreative Denken gemeint. Menschen mit Fähigkeiten im divergenten Denken halten nicht an nur einem Lösungsweg fest. Sie können über viele verschiedene Arten zu einem Ergebnis gelangen, das sich dann oftmals von dem Ergebnis anderer unterscheidet, aber dennoch nicht falsch ist. Diese Menschen zeichnen sich durch eine unkonventionelle Weltsicht aus. Bestehendes wird hinterfragt und alternative Lösungsansätze werden gesucht.

GUILFORD will in seinem „Intelligenz-Struktur-Modell" beide Denkansätze integrieren. So versteht er konvergentes und divergentes Denken als einander ergänzend. Als Eigenschaften des divergenten Denkens nennt GUILFORD Flüssigkeit, Flexibilität, Originalität, Elaboration und Problemsensibilität (nach FEGER, 1988, S. 66).

Wenn sich nun konvergentes und divergentes Denken, also Intelligenz und Kreativität ergänzen, so ist es unumgänglich zu schauen, welche Rolle die Kreativität innerhalb der Hochbegabung spielt. Interessante Aufschlüsse gibt hierzu eine Studie von CROPLEY (in WIECZERKOWSKI, 1981, S. 73 ff).

CROPLEY bestimmt zunächst den Begriff Kreativität. Dabei unterscheidet er in drei verschiedene Kreativitätstypen:

1. Pseudo-Kreativität, die sich zwar durch Schlagfertigkeit und neue Ideen auszeichnet, der es jedoch an Nützlichkeit für die Gemeinschaft mangelt
2. Quasi-Kreativität, die sich zwar durch alternatives Problemlösen auszeichnet, der es jedoch an Realitätsbezug fehlt
3. echte Kreativität, die sich nicht nur durch Effektivität auszeichnet, sondern auch einen Prozess von Resultaten durchläuft

Echte kreative Menschen zeichnen sich dadurch aus, dass sie Gegebenes hinterfragen und neue Ansätze suchen. Diese alternativen Vorschläge dürfen sich jedoch nicht zu weit von der Norm entfernen und sollten eine Verbesserung gegenüber dem Althergebrachten darstellen.

In seiner Studie hat CROPLEY 320 Schüler in vier Gruppen eingeteilt, die aus Kindern bestanden mit hoher Intelligenz und hoher Kreativität, mit niedriger Intelligenz und niedriger Kreativität und zwei weitere Gruppen, in denen ein Kriterium hoch bzw. niedrig war. Die Gruppe der Hochkreativen und Hochintelligenten übertraf die anderen Gruppen in ihren Leistungen bei weitem. Sie übertraf auch die Gruppe von Kindern, deren IQ zwar gleich hoch bewertet wurden, die jedoch weniger Kreativität aufwiesen. Demnach wirkt sich Kreativität deutlich positiv auf die Intelligenz aus.

CROPLEY geht hier von einem „Schwellenkonzept" aus. Bis zu einer bestimmten Schwelle des IQs bestehe ein Zusammenhang zwischen Leistung und Intelligenz. Ist diese Schwelle jedoch überschritten, bestimmen andere Faktoren, zu denen die Kreativität gehört, die Leistungen. Kreativität ist dann aber nicht nur der Schrittmacher, der sich positiv auf die Intelligenz auswirkt. Nach CORPLEY ist auch ein Mindestmaß an Intelligenz notwendig, damit sich Kreativität optimal entfalten kann. CORPLEY nennt den IQ-Wert der Intelligenzschwelle übrigens von 120.

Aus den Ergebnissen dieser Studie lässt sich also feststellen, dass Intelligenz und Kreativität eng miteinander verknüpft sind. Sie bestätigt also durchaus GUILFORDS Integration des konvergenten und divergenten Denkansatzes.

2.3 Hochbegabung - ererbt oder umweltbedingt ?

Nicht nur im Zusammenhang mit Hochbegabung, sondern auch mit anderen menschlichen Eigenschaften und Fähigkeiten wird fachwissenschaftlich immer wieder die Bedeutung der Vererbung und die der Umweltbedingungen diskutiert. Die Diskussionen betreffen z.B. den Spracherwerb oder auch kriminelle Veranlagungen. Die Frage dabei ist, ob wir verschiedene Verhaltensmuster von unseren Eltern erben oder ob bestimmte Umweltfaktoren unser Verhalten beeinflussen. Ist also schon in unseren Genen bestimmt, welchen Lebensweg wir einschlagen werden ? Oder wird unser Potential von Rahmenbedingungen gefördert bzw. unterdrückt ?

In der Geschichte vertraten wurde immer wieder die Auffassung vertreten, dass jeder Mensch von Geburt an ein unbeschriebenes Blatt, ein „tabula rasa" sei. Erst die Gesellschaft forme den Menschen. So schlug dann auch ROUSSEAU in der Zeit der „Aufklärung" vor, Kinder fern von gesellschaftlichen Normen aufwachsen zu lassen, damit sich ihre Persönlichkeit unbeeinflusst entfalten könne (siehe ULLRICH, 1999, S. 90, ff)

Im letzten Jahrhundert wurde vor allem durch den Behaviorismus und seinem Begründer WATSON die These des von der Umwelt formbaren und gelehrigen Menschen vertreten. Jedes beliebige Verhaltensmuster kann laut WATSON durch Reize und Verstärker dauerhaft erlernt und auch verlernt werden (siehe MARGRAF, 1996, S. 49 ff)

Anderer Auffassung sind hier Anhänger des nativistischen Ansatzes. Hier wird davon ausgegangen, dass jeder Mensch mit Anlagen und Potentialen schon ausgestattet zur Welt kommt. Der Umwelt kommt dabei höchstens die Rolle des Auslösers zu, durch die das im Menschen schlummernde Potential sozusagen geweckt wird. Im Bereich des Spracherwerbs ist vor allem Noam CHOMSKY ein bekannter Vertreter des nativistischen Ansatzes, nachdem jedes Kind bereits mit hohen Sprachpotentialen von Geburt an ausgestattet ist (siehe ZIMMER, 1986, S. 65 ff).

Die Frage nach Erbe oder Umwelt ist für den Bereich der Hochbegabung deshalb wichtig, weil die Ergebnisse maßgeblich die Förderung mitbestimmen. Wäre Hochbegabung erblich, so würde sich ihr Potential in jedem Fall zeigen. Die Kinder brauchten keine weitere Förderungen, da die Entfaltung des Potentials sowieso genetisch bedingt ist. Die Begabung wird dann unabhängig von jeglichen Umweltbedingungen auftreten.

Hängt die Entfaltung der Hochbegabung jedoch von den Rahmenbedingungen ab, die ein Kind in der Umwelt vorfindet, oder kann vielleicht sogar Hochbegabung erlernt werden, so würde der Förderung ein maßgebliches Gewicht zufallen. Kinder würden dann um so bessere Leistungen zeigen, je optimalere Umweltbedingungen sie vorfänden. Im Extremfall könnte durch Lerntechniken jedes Kind hochbegabt „gemacht" werden.

Lange wurde in dem Streit um Erbe und Umwelt in der Fachliteratur immer jeweils eine Position bezogen. Intelligenz wird entweder vererbt oder sie entfaltet sich erst innerhalb der gegebenen Umweltbedingungen. So vertritt z.B. JENSEN die These, dass 80 % der Intelligenz vererbt sind (siehe EWERS, 1978). Gefährlich an seiner These ist, dass JENSEN die höheren IQ-Werte fast ausschließlich innerhalb der anglo-amerikanischen Mittelklasse fand und somit Nährboden für rassistische Diskriminierungen lieferte. Nach JENSENS Theorie müsste in gesellschaftliche Minderheiten keine besonderen bildungspolitischen Förderkonzepte angewandt werden, da hier kein Potential vorhanden wäre.

Bei der Mehrheit der Intelligenzforscher ist jedoch weniger die Frage interessant, ob Intelligenz vererbt wird oder ob sie von Umweltbedingungen abhängig ist. Vielmehr von Bedeutung ist die Frage nach dem Anteil beider Komponenten. Die Intelligenzforschung geht heute weitgehendst davon aus, dass ein Zusammenspiel an vererbtem Potential und einer Förderung durch äußere Rahmenbedingungen wichtig ist, damit sich besondere Fähigkeiten entfalten können.

So hat z.b. auch STERN bereits 1914 in seiner Konvergenztheorie formuliert, dass die Entwicklung eines Menschen eine Konvergenz zwischen angeborenen Eigenschaften und äußeren Entwicklungsbedingungen darstelle (siehe FEGER, 1988, S. 121). Ein optimales Zusammenspiel von Erbe und Umwelt scheinen demnach auch das Potential optimal zu fördern. Das Zusammenspiel schließt keine Komponente aus. Nicht allein der IQ sagt etwas über die Fähigkeiten aus, sondern auch, innerhalb welcher Rahmenbedingungen er sich entfalten kann. Dies würde dann auch erklären, weshalb JENSEN die hohen IQ-Werte innerhalb der anglo-amerikanischen Mittelklasse fand. Hier sind optimale Entfaltungsmöglichkeiten gegeben. Andererseits kann kein Kind allein durch günstige Umweltfaktoren zur Hochbegabung gefördert werden. Ein Kind kann zwar soweit gefördert werden, dass es zu einem großen Wissen gelangt, ökonomisches Einsetzen dieses Wissens ist damit jedoch noch nicht garantiert.

Auch ROTH befürwortet das Wechselverhältnis von Erbe und Umwelt:

„Eine Anlage allein gibt es nur im Hinblick auf eine Umwelt und eine Umwelt nur im Hinblick auf eine Anlage. Wofür keine Anlage vorhanden ist, dafür wird auch keine Umwelt wirksam, wofür keine Umwelt vorhanden ist, dafür wird auch keine Anlage wirksam." (in EWERS, 1978, S. 39).

Weitere Studien innerhalb der Intelligenzforschung haben die Konvergenztheorie STERNS belegt. So hat ODEN, eine Mitarbeiterin TERMANS, 1969 die Personen untersucht, die von TERMAN 1921 als hochbegabt diagnostiziert worden waren, in Hinblick auf ihre beruflichen Karrieren. Dabei zeigte sich, dass die Personen, die laut Fragebögen ihre Familien als fördernd erlebten und eine Erziehung zum Selbstbewusstsein genossen, mehr berufliche Erfolge aufzuweisen hatten (siehe EWERS, 1978, S. 4). Auch TERMAN selbst hatte innerhalb seiner Studien bemerkt, dass im Verlauf der Entwicklung seiner als hochbegabt diagnostizierten Kinder besonders die Kinder aus jüdischen Familien hohe Leistungen im Vergleich zu anderen zeigten (EWERS, ebd.). TERMAN führte dies auf die Mentalität des Familienzusammenhaltes und der intellektuellen Förderung zurück.

Auf die eingangs gestellte Frage bezüglich der Förderung hochbegabter Kinder ist somit folgendes zu sagen:

Nicht allein die Umwelt formt ein Kind zu einem hochbegabten Menschen. Ein bestehendes Potential muss vorhanden sein. Das vorhandene Potential kann sich jedoch auch nicht von selbst entfalten. Hier spielen die Umweltbedingungen eine entscheidende Rolle. Dies wirft nun wiederum Fragen nach der Art der Förderkonzepte auf und vor allem nach dem Zeitpunkt der Förderung. Wie müssen die Umweltbedingungen gestaltet sein, damit das Potential Nährboden findet? Des Weiteren muss zuerst auch das Potential eines Kindes erkannt werden, um optimal gefördert zu werden. Also gibt es einen Bedarf an Früherkennungskonzepten.

All diese Fragen spielen eine entscheidende Rolle innerhalb der Familien, aber genauso innerhalb der Fördereinrichtungen wie Kindertagesstätten und Schulen. Auf alle diese Fragen möchte ich später noch einmal ausführlich eingehen. An dieser Stelle sei nur der Zusammenhang von Erbe und Umwelt verdeutlicht.

2.4 Zusammenfassung

Innerhalb der Begriffsbestimmung der Hochbegabung tauchte zuerst die Frage auf, ob sich hochbegabte Menschen in ihren Fähigkeiten qualitativ oder quantitativ unterscheiden. Dabei wurde deutlich, dass die einzelnen Positionen von den Grundansichten über Hochbegabung abhängig sind.

Werden Leistungen untereinander verglichen, so zählt deren Qualität. Dabei ist es nicht so wichtig, wie viele Leistungen erbracht wurden. Innerhalb der Position des qualitativen Unterschiedes ist es lediglich von Bedeutung, dass die Fähigkeiten herausragen.

Quantitative Voraussetzungen zur Hochbegabung kommen wiederum eher der Messung von Intelligenz entgegen. Hier ist angesammeltes Wissen vordringlich.

In der neuen Fachliteratur lässt sich eine Integration beider Grundauffassungen finden. Und so kann wohl gesagt werden, dass Hochbegabung sich sicherlich durch ein umfangreiches Wissen bemerkbar macht. Dieses Wissen kann sich jedoch auch jeder durchschnittlich begabte Schüler aneignen, wenn er genügend Arbeit und Zeit investiert. Ein hochbegabtes Kind zeichnet sich jedoch zusätzlich dadurch aus, dass es der Quantität auch Qualität verleiht, d.h. hochbegabte Kinder zeichnen sich durch angewandtes Wissen aus. Sie können mit ihrem Wissen neue Thesen aufstellen und diese ausarbeiten. Das Kind erkennt Probleme und kann durch sein Wissen neue Lösungsansätze finden.

Neben dem Begriff „Hochbegabung" mussten auch die Begriffe „Intelligenz" und „Talent" bestimmt werden. Beide Begriffe werden in der Fachliteratur mit dem Leistungsaspekt behaftet. Das Resultat von hoher Intelligenz und Talent sind auch hohe Leistungen.

Talent wird jedoch als Sonderbegabung definiert. Meist bezieht sich Talent nur auf eine besondere Fähigkeit, während intelligentes Handeln sämtliche Fähigkeitsbereiche beeinflusst.

Dennoch dürfen Talent und Intelligenz innerhalb der Hochbegabung nicht getrennt werden. Talent wird als eine Fähigkeitskomponente innerhalb der Intelligenz gesehen. Intelligenz gilt als Vorbedingung für die Entwicklung von Talenten.

Eine ähnliche Fähigkeitskomponente, wie das Talent, stellt auch die Kreativität dar. So zeigt CROPLEY innerhalb seines Schwellenkonzeptes, dass sich einerseits Kreativität deutlich positiv auf die Intelligenz auswirkt. Selbst Personen mit gleichen IQ-Werten unterscheiden sich in der Qualität ihrer Leistungen durch das Potential ihrer Kreativität. Andererseits kann jedoch Kreativität nur innerhalb eines Mindestmaßes an Intelligenz hervortreten. Beide Komponenten bedingen sich daher gegenseitig und sind ein wichtiger Beitrag zum Konzept der Hochbegabung.

Zuletzt tauchte dann auch die Frage auf, worauf eine bestehende Hochbegabung zurückzuführen ist. Ist sie von Geburt an genetisch festgelegt oder wird sie durch die äußeren Rahmenbedingungen bestimmt?

Dabei kann auch hier geschlussfolgert werden, dass beide Faktoren in Wechselbeziehung zueinander stehen. Ein optimales Umfeld fördert jedes Kind zu höheren Leistungen. Hochbegabung kann jedoch nur dann entstehen, wenn auch die Intelligenzkomponenten dafür gegeben sind.

Dieses Ergebnis hat zur Konsequenz, dass auch bei guten IQ-Werten eine Förderung durch optimale Rahmenbedingungen unablässig ist. Nur so lässt sich vorhandenes Potential entfalten.

3. Definitionen von Hochbegabung

Zur Hochbegabung lässt sich eine Vielfalt an Definitionen finden. Nach FEGER (1988, S.57) nennt LUCITO schon 1964 die Anzahl der Definitionen weit über 100. Auch in der neueren Literatur werden immer wieder neue Definitionen genannt.

Eine der gängigsten Definitionen ist wohl die des Marland-Reports. Diese Definition von Sydney P. MARLAND Jr., aus dem Jahre 1971, findet sich, im Zuge der Etablierung von bundesstaatlichen Förderprogrammen Hochbegabter in den USA, im Bericht des amerikanischen Kongresses. Die Definition lautet:

„Hochbegabte und talentierte Kinder sind jene, von berufsmäßig qualifizierten Personen identifizierte Kinder, die aufgrund außergewöhnlicher Fähigkeiten hohe Leistungen zu erbringen vermögen." (in FEGER, 1988, S. 77).

Hochbegabte Kinder müssen also erst einmal als solche identifiziert werden. Zusätzlich müssen aber auch ihre Leistungen mit ihren hohen Fähigkeiten übereinstimmen. Die Fähigkeiten hochbegabter Kinder fasst der Marland-Report wie folgt zusammen:

1. Allgemeine intellektuelle Fähigkeiten
2. Spezifische akademische Eignung
3. Kreatives und produktives Denken
4. Führungsfähigkeiten
5. Bildnerische und darstellende Künste
6. Psychomotorische Fähigkeiten

(in FEGER, ebd.)

Um diese Fähigkeiten zu fördern, betont der Marland-Report die Notwendigkeit differenzierter Programme, die über das schulische Angebot hinausgehen sollen.

Weitere Definitionen sind auch bei LUCITO zu finden. Die große Anzahl an Definitionen hat LUCITO in sechs verschiedene Definitionsklassen zusammengefasst, die ich hier anführen möchte (nach FEGER, 1988, S.57):

Als erste Definitionsklasse werden die sogenannten „Ex-post-facto-Definitionen" zusammengefasst. Diese Definitionsklasse wurde von mir schon ausführlich in **Kapitel 2.** beschrieben. Hier wird jemand nach erbrachten Leistungen rückwirkend als hochbegabt eingestuft.

Die zweite Definitionsklasse bilden die „IQ-Definitionen". Die Identifizierung Hochbegabter beschränkt sich auf die Leistungen in Intelligenztests. Ein IQ-Wert wird bestimmt und an diesem Grenzwert werden die Begabungen gemessen. Nach dieser Definition verfuhr z.B. auch TERMAN.

Die „soziale-Definition" der dritten Definitionsklasse unterscheidet sich von den anderen insofern, dass hier auch Sonderbegabungen mit einbezogen werden. Hier ist die Hochbegabung nicht auf den IQ festgelegt, sondern wird auch durch besondere Talente definiert.

Als vierte Definitionsklassen werden die „Prozentsatzdefinitionen" genannt. Innerhalb einer bestimmten Gruppe werden die besten zusammengefasst. Das kann z.B. in Prozente gefasst werden (20 % der Gesamtbevölkerung) oder in konkreten Zahlenangaben (die zehn Besten der Schule).

Die Kreativität steht in der fünften Definitionsklasse, der „Kreativitäts-Definition", im Vordergrund. Hier rückt der reine IQ-Wert in den Hintergrund. Ausschlaggebend sind kreative Fähigkeiten.

Als letzte Gruppe nennt LUCITO seine eigene Definition, die er an das GUILFORDsche Modell des Intellekts angelehnt hat. So definiert LUCITO Hochbegabung:

„Hochbegabt sind jene Schüler, deren potentielle intellektuelle Fähigkeiten sowohl im produktiven als auch im kritisch bewertenden Denken ein derartig hohes Niveau haben, dass begründet zu vermuten ist, dass sie diejenigen sind, die in der Zukunft Probleme lösen, Innovationen einführen und die Kultur kritisch bewerten, wenn sie adäquate Bedingungen der Erziehung erhalten." (LUCITO, 1964, zitiert nach FEGER, 1988, S. 59).

Die Bestimmung der Hochbegabung unterliegt demnach oft den Schwerpunkten der einzelnen Definitionen. Wäre die Identifikation der Hochbegabung eines Kindes jeweils von den einzelnen Definitionen abhängig, so würde es unter manchen Definitionen als hochbegabt eingeschätzt werden, unter anderen jedoch nicht. Auch Förderkonzepte sind von den Gesichtspunkten der einzelnen Definitionen abhängig. Dies lässt sich besonders gut an LUCITOS Zusammenfassung verdeutlichen.

Beginnen wir mit der „Ex-post-facto-Definition". Wird jemand nach erbrachter Leistung erst als hochbegabt anerkannt, so würde hier ein Frühförderkonzept keine Rolle spielen. Wenn sich jemand nämlich erst durch Leistungen hervortut, so muss sein Potential schon weitgehend entwickelt worden sein. Hier muss der hochbegabte Mensch bereits Bedingungen gefunden haben, durch die er seine Fähigkeiten kultivieren konnte. Das Schicksal des hochbegabten Kindes wird dann danach bestimmt, unter welchen glücklichen (oder unglücklichen) Bedingungen es aufwuchs. Bei manchen Hochbegabten wurde das Potential zu Lebzeiten nie richtig erkannt. So unterliegt z.B. auch der Maler Vincent van Gogh, der erst nach seinem Tod zu Ruhm gelangt ist, der „Ex-post-facto-Definition".

„IQ-Definitionen" schließen Frühförderung nicht aus. Sie bilden auch ein gutes Mittel, um Hochbegabte überhaupt zu identifizieren und ihre Fähigkeiten zu fördern. Die Kritik liegt hier jedoch bei dem einseitigen Schwerpunkt des Intellektes. So fügt auch CORPLEY (in Wieczerkowski, 1981, S. 73) an, dass viele hochkreativen Kinder durch Intelligenztests nicht identifiziert werden. Des Weiteren wurde auch bereits in dieser Arbeit angemerkt, dass die Intelligenztests der Mittelschicht eher zusagen, als Randgruppen. Kinder der Mittelschicht finden bessere Rahmenbedingungen, um ihr Wissen zu erweitern. Die „IQ-Definitionen" scheinen daher oft zu einseitig behaftet.

Der Versuch die Gesamtpersönlichkeit eines Kindes zu erfassen, haben die „sozialen Definitionen" gemacht. Hier spielen weniger IQ oder Kreativität eine Rolle, sondern einzelne Talente stehen im Vordergrund. Diese Definition ist jedoch schon im Vorfeld leistungsorientiert, weil sich auch hier zunächst erst die Leistungen zeigen müssen. Insofern rücken Frühförderungskonzepte wieder in den Hintergrund. Auch werden die Leistungen nach der Norm der Gesellschaft bestimmt. Talente, die in einem Kulturkreis als wertvoll gelten, können in einem anderen schon wieder verpönt werden. So wird z.B. in der Volksrepublik China besonderes Talent innerhalb der künstlerischen Gestaltung chinesischer Schriftzeichen schulisch gefördert (siehe MEHLHORN / URBAN, 1989, S. 180). Kinder mit Talenten solcherart werden innerhalb unserer westlichen Kultur dagegen übersehen, weil dieses Talent für unseren Kulturkreis nicht von Bedeutung ist.

„Prozentsatzdefinitionen" sind von der willkürlichen Zusammenstellung der Gruppen abhängig. So ist es leichter in einer kleinen Dorfschule zu den Begabtesten zu zählen, als z.B. in einem Schulkomplex einer Großstadt, wie Berlin. Auch wird das eigene Potential im Vergleich zu dem Potential anderer definiert. So kann jedes Jahr aufs neue gesehen werden, dass alle Schüler, die zum fünften Schuljahr auf ein Gymnasium überwechseln in der Grundschule sicherlich als begabt galten. In einer neuen Klassenkonstellation, in der nur Begabte aus Grundschulen sind, kann natürlich nicht mehr jeder Schüler zu den fünf Begabtesten zählen. Hier werden die Prozentsätze wieder neu gemischt.

Bei der „Kreativitäts-Definition" kommen nun auch andere Fähigkeitskomponenten zur Geltung. Wichtig ist hier jedoch, dass auch diese Definition, wie auch die IQ-Definition, nicht zur Einseitigkeit tendiert. Wenn sich auch Kreativität und Intelligenz aneinander bereichern, wie bereits dargestellt wurde, so wurden auch schon hochbegabte Kinder diagnostiziert, die zwar hohe IQ-Werte, aber niedrige Kreativitäts-Werte aufwiesen (z.B. durch CROPLEY in WIECZERKOWSKI, 1981, S. 73). Kreativität sollte innerhalb Tests zur Diagnose mit einbezogen werden, sie kann jedoch nicht allein als Kriterium bestehen.

Wir haben nun also gesehen, dass vielen Definitionen einseitig behaftet sind oder sie einer Willkür der Umstände ausgesetzt sind. Dies birgt natürlich die Gefahr, viele Hochbegabte zu übersehen. Auch MÖNKS / YPENBURG nennen die einzelnen Erklärungsversuche „...oft eine vereinfachte Wiedergabe von komplizierten Sachverhalten." (MÖNKS / YPENBURG 1998, S. 15). Deshalb sei es wichtig, die verschiedenen Gesichtspunkte gemeinsam zu berücksichtigen.

MÖNKS / YPENBURG (1998, S. 15 ff) gehen hierzu von vier verschiedenen Modellen aus. Diese Modelle sollen sich jedoch nicht gegenseitig ausschließen. Sie bilden verschiedene Gesichtspunkte der Hochbegabung. Bei manchen Kindern treten alle Gesichtspunkte zum Vorschein, andere Kinder zeigen vielleicht nur auf einem Gebiet eine besondere Begabung. Wichtig ist jedoch, alle Kriterien zu berücksichtigen und zu fördern.

Als erstes nennen MÖNKS / YPENBURG das „Fähigkeitsmodell". Bei diesem Modell stehen, in Anlehnung an TERMAN, der IQ und die geistigen Fähigkeiten im Mittelpunkt. Hochbegabt ist der, der durch das Überschreiten eines IQ-Grenzwertes seine geistigen Fähigkeiten bewiesen hat.

Im „Kognitiven Komponentenmodell", wie MÖNKS / YPENBURGS zweites Modell heißt, steht nicht mehr nur die Quantität, wie bei den meisten Intelligenztests im Vordergrund, sondern auch die Qualität. Wichtig ist hier das divergente Denken, nachdem nicht nur das Wissen allein wichtig ist, sondern auch seine ökonomische Anwendung hinsichtlich der Problemlösung. Neue Lösungswege können beschritten und alternative Ansätze erbracht werden. Die Kreativität findet hier Berücksichtigung.

Der Aspekt der Motivation steht im dritten Modell, dem „leistungsorientierten Modell", im Vordergrund. Nicht alleine die Anlagen zur hohen Begabung sind wichtig, sondern auch, wie diese Anlagen genutzt werden. So zeichnen sich hochbegabte Kinder meist durch hohe Motivation aus. Sie interessieren sich innerhalb vieler Gebiete und zeigen Motivation bezüglich des Lösens von Aufgaben.

Im „soziokulturell orientierten Modell" werden dann noch die Rahmenbedingungen berücksichtigt. Wie bereits erwähnt, zeigen gesellschaftliche Randgruppen auf den ersten Blick weniger Fähigkeiten, als die Mittelklasse. Dies ist jedoch auf politische und wirtschaftliche Einflüsse zurückzuführen, die wenig Nährboden zur Kultivierung der Fähigkeiten bietet. Daher ist es wichtig, hochbegabte Kinder innerhalb aller schichtspezifischen Gruppen zu erkennen und zu fördern.

Durch die Modelle von MÖNKS / YPENBURG besteht weniger die Gefahr, hochbegabte Kinder zu übersehen. Hier wird nicht nur an einer Definition festgehalten, die Hochbegabung eher einseitig definiert. Das Zusammenspiel der vier Modelle bietet ein breiteres Spektrum an Faktoren, die auf eine Hochbegabung schließen lassen. Das Kind wird nicht ausschließlich an seinem IQ-Wert oder ausschließlich an seinen Leistungen definiert.

3.1 Motivation als Definitionskriterium

Wenn Hochbegabung nach verschiedenen Faktoren definiert wird, dann muss auch überdacht werden, ob die Identifikation dieser Faktoren allein das Kind hochbegabt macht oder ob sich die Begabung innerhalb von Leistungen zeigen muss, bevor von Hochbegabung gesprochen werden kann.

STERN (in HABERL, 1993, S. 127) nennt Begabung als Vorbedingung zur Leistung. Für ihn müssen aber noch Interesse und Willen als „seelische Eigenschaften" hinzutreten, damit sich die Hochbegabung in Leistungen niederschlägt. Vorhandenes Potential reicht allein nicht aus, um gute Leistungen zu erbringen. Die Willensbereitschaft ist maßgeblich.

Differenzierter hat sich rund vierzig Jahre später RENZULLI (siehe MÖNKS / YPENBURG, 1998, S.23) zu der Auffassung STERNS geäußert. Er definiert innerhalb seines „Mehr-Faktoren-Modells" Hochbegabung unter dem Zusammenwirken der Gesichtspunkte Intelligenz, Kreativität und Motivation. Dabei zeichnet sich Hochbegabung nicht allein durch ein Merkmal aus. Nicht nur allein der IQ-Wert oder eine hohe Kreativität lassen auf Hochbegabung schließen, sondern auch die Motivation, die diese Fähigkeiten zum Vorschein bringt, ist ein ebenso wichtiger Faktor. Diese drei Faktoren sind jedoch wiederum in soziale Rahmenbedingungen, nämlich Eltern, Schule und Freunde, eingebettet. Sie bilden die Rahmenbedingungen, durch deren Einfluss die Faktoren, und damit die Hochbegabung, zu Tage kommen. Nur ein optimales Zusammenwirken der inneren und äußeren Bedingungen lassen die Hochbegabung erkennen.

Die Wichtigkeit der Randbedingungen ist heutzutage großenteils erkannt und in Studien belegt worden, wie auch von mir schon in **Kapitel 2.3** innerhalb dieser Arbeit angeführt worden ist. Hier stellt sich nur die Frage, ob das Erkennen eines Potentials (durch Tests) allein genügt, um ein Kind als hochbegabt zu postulieren oder ob sich die Hochbegabung durch bestimmtes Verhalten zu erkennen geben sollte.

Innerhalb der TERMAN-Studie wurden viele Kinder durch einen hohen IQ-Wert als hochbegabt diagnostiziert, die sich in ihrem Leben jedoch nie durch gute Leistungen in der Schule, einer berufliche Karriere oder sonstige Talente ausgezeichnet haben (EWERS, 1978, S. 6). Man kann hier also sagen, dass der IQ der Kinder keine Rolle für ihr weiteres Leben spielte. Diese Menschen unterschieden sich, trotz ihres IQ-Wertes, in der Tat nicht von ihren durchschnittlich begabten Mitschülern oder Kollegen.

Andererseits betonen WEBB et. al. (1998, S. 34), dass schon allein die Diagnose einer Hochbegabung das Selbstwertgefühl des Kindes und der Respekt des Lehrers gegenüber dem Kind so steigern kann, dass ein durchschnittlicher oder eher unauffälliger Schüler in seinen Fähigkeiten plötzlich aufblüht. Aus dieser Sicht sollten vielleicht nicht immer sofort Motivation oder gute Leistungen als Voraussetzung erwartet werden. Hier scheinen optimale Rahmenbedingungen wichtig, die das Kind motivierend fördern, damit sich sein Potential entfaltet.

3.2 Zusammenfassung

Wie gezeigt wurde, gibt es die gültige Definition zur Hochbegabung nicht. Dies hat Vor- und Nachteile. Einerseits muss ein bestimmtes Phänomen definiert werden, damit es eingeordnet und ausgeweitet werden kann. Wenn ich nicht genau weiß, worüber ich spreche, dann kann ich auch kein geeignetes Konzept aufstellen und Forschung betreiben.

Andererseits meint FEGER (1988, S. 77), dass bei einer festgelegten Definition kein Grund zur weiteren Forschung zur Bestimmung des Hochbegabungsbegriffes mehr vorliegen würde. Natürlich betont auch FEGER die Wichtigkeit der Definition von Hochbegabung. Weitere Forschungen zur Definition führten mit der Zeit jedoch zu einer Ausweitung des Intelligenzkonzeptes oder zu neuen Alternativen. Hier liegt der Vorteil einer nicht festgelegten Definition.

An Definitionen ist auch ein Großteil der Fördermaßnahmen und Früherkennungskonzepten bedingt. So wird durch den MARLAND-Report klar gesagt, dass hochbegabte Kinder eines geeigneten Förderprogrammes bedürfen. Dies wurde dann im US-Bildungssystem festgelegt.

Anhand der einzelnen Definitionsklassen LUCITOS konnte auch der jeweilige Schwerpunkt der Definitionen erkannt werden und ihre Konsequenz für den Betroffenen aufgezeigt werden. Leider zeichneten sich viele Definitionen durch zu große

Einseitigkeit aus, was die Kriterien zur Erkennung hochbegabter Kinder betraf. So bleibt z.b. das divergente Denken oft unberücksichtigt.

Dem Problem der Einseitigkeit wendeten sich MÖNKS / YPENBURG zu. Durch ihre vier Hochbegabungsmodelle ziehen sie verschiedene Komponenten der Hochbegabung mit ein. Hier wird versucht, den verschiedenen Facetten gerecht zu werden und Hochbegabung nicht ausschließlich auf ein besonderes Merkmal festzulegen.

Nicht nur allein die Frage, nach welchen Fähigkeiten Hochbegabung definiert wird, sondern auch, wie sich diese Fähigkeiten in Leistungen niederschlagen, damit von Hochbegabung gesprochen werden kann, gilt als Kriterium zur Diagnose. So verknüpfen STERN und RENZULLI Hochbegabung mit Motivation und meinen, dass nur bei Intelligenz in Zusammenhang mit Kreativität und gezeigter Motivation von Hochbegabung gesprochen werden kann. Andererseits halten WEBB et al. die Diagnose Hochbegabung für des Selbstwertgefühl des Kindes wichtig.

4. Begriffbestimmung innerhalb dieser Arbeit

Bevor nun innerhalb dieser Arbeit über hochbegabte Kinder in unserem Bildungssystem referiert werden kann, muss zunächst geklärt werden, welche Begriffsbestimmung der Hochbegabung hier vorgenommen wird.

Wie in den zwei vorangegangenen Kapiteln dargestellt wurde, umfasst der Hochbegabungsaspekt viele Facetten. Es wurde diskutiert über den Stellenwert von Intelligenz und Talent, über qualitative und quantitative Unterscheidungen und über die verschiedenen Kriterien, über die sich Hochbegabung äußert (oder auch nicht).

Da in dieser Arbeit der Schwerpunkt auf hochbegabte Kinder in Kindertagesstätten und Grundschulen und deren Förderung liegt, wird hier die intellektuelle Hochbegabung im Vordergrund stehen. Natürlich gibt es mannigfaltig begabte Kinder innerhalb des Sports oder im Bereich der Kunst, die ein geeignetes Förderkonzept benötigen. Auch kulturell bedingte Begabungen, die jedoch nur innerhalb der jeweiligen Lebensgemeinschaften als solche anerkannt werden (z.B. die Begabung im Jagen innerhalb eines Indianerstammes im Regenwald) sollten nicht außerhalb der Begabungsforschung bleiben.

Zur Untersuchung der Förderkonzepte innerhalb unseres deutschen Bildungssystems sind diese Begabungen jedoch nicht ausschlaggebend. Diese Arbeit setzt den Schwerpunkt auf die Früherziehung der Kindertagesstätten und die Unterrichtsgestaltung der Grundschulen zur Erfassung und Förderung hochbegabter Kinder. Hier sind zunächst die intellektuellen Fähigkeiten von Bedeutung.

Dabei sollen aber auch nicht Aspekte, wie die Kreativitätserziehung, die Förderung - oder Unterdrückung - des divergenten Denkens oder Motivationsaspekte außer Acht gelassen werden. Wie gezeigt wurde, umfasst Hochbegabung mehrere Fähigkeiten. Und soweit diese Fähigkeiten innerhalb unseres Bildungssystems aufgefangen werden können, sollen diese auch berücksichtigt werden.

5. Fachwissenschaftliche Erkenntnisse

In der Fachwissenschaft hat es spätestens seit TERMANS Studien, und der Dokumentation derselben, eine Vielfalt an bekannten Publikationen zum Thema Hochbegabung, besonders in der amerikanischen Literatur, gegeben. Aber auch in Deutschland wurde im letzten Jahrhundert bis zum zweiten Weltkrieg einiges über die Förderung hochbegabter Kinder veröffentlicht. Hier spielt vor allem William STERN eine bedeutende Rolle, der u.a. in Hamburg an einem Schulprojekt zur Förderung hochbegabter Schüler mitarbeitete, dass 1918 begann. Auch innerhalb der Intelligenzforschung und der Entwicklungspsychologie ist William STERN bekannt. STERNS Publikationen wurden jedoch 1933 unter dem rechtsradikalen Fanatismus verbrannt und er sah sich veranlasst, Deutschland zu verlassen. Hochbegabtenförderung wurde zwar auch unter Hitler betrieben, dabei wurden die besonderen Begabungen jedoch auf Parteitreue und Führerverehrung beschränkt (FEGER, 1988, S. 32). Lange Zeit war daher nach dem zweiten Weltkrieg der Begriff der Hochbegabtenförderung mit der Eliteausbildung des Nationalsozialismus behaftet. Erst seit den siebziger und achtziger Jahren lässt sich deutsche Literatur finden, die sich objektiv mit dem Thema Hochbegabung und ihrer institutionellen Förderung auseinandersetzt, wie z.B. von FEGER oder URBAN.

In den frühen Publikationen über Hochbegabung spielte die Divergenzhypothese Lange-Eichenbaums eine wichtige Rolle, die den Hochbegabten als das „verrückte

Genie" postuliert (EWERS, 1978, S. 4). Lange-Eichenbaum bescheinigte hochbegabten Menschen eine labile Psyche, negative physische Merkmale und starke emotionale Störungen. Gegen die Divergenzhypothese richteten sich TERMANS Studien, der, genau im Gegenzug zu Lange-Eichenbaum, hochbegabten Kinder besonders positive psychische und körperliche Merkmale zuschrieb und damit den Begriff der Konvergenzhypothese bildete.

Wenn auch TERMAN mit seiner Konvergenzhypothese die besten Absichten hatte, so zeigt sich doch, mit welchen besonderen Eigenschaften - ob nun positiv oder negativ - hochbegabte Kinder schon vorweg belastet werden. So wird ihnen kollektiv entweder eine besonders gute gesundheitliche Entwicklung oder, im Gegenzug, auch emotionale Störungen bescheinigt.

Im Folgenden soll nun dargestellt werden, welche Merkmale die neuere fachwissenschaftliche Literatur herausgestellt hat, um hochbegabte Kinder zu erkennen. Die Identifikationsverfahren treten in Zusammenhang mit Frühförder- und Früherkennungskonzepten. Des Weiteren soll aufgezeigt werden, welche institutionellen Maßnahmen fachwissenschaftlich empfohlen werden oder auch schon untersucht worden sind, um dem Potential der hochbegabten Kinder gerecht zu werden.

5.1 Früherkennung und Frühförderung

Wie wir bereits gesehen haben, sind die Rahmenbedingungen ausschlaggebend für die Entfaltung des Potentials eines Kindes. Kinder, die in einer weniger fördernden und stimulierenden Umgebung aufwuchsen, haben, trotz gleich hohen IQs, weniger berufliche Karriere gemacht, als die Kinder aus einem fördernden Umfeld, wie in den TERMAN-Studien zu sehen war (EWERS, 1978, S. 6).

Auf diesem Hintergrund rückt auch die Frühförderung ins Blickfeld. Belegt wurde, dass vorhandenes Potential gefördert werden muss, damit sich die Hochbegabung optimal entfalten kann. Dazu stellt sich nun jedoch die Frage, nach dem geeigneten Zeitpunkt, an dem die Förderung ansetzen soll. Nachdem lange Zeit der Standpunkt vertreten wurde, dass erst mit der schulischen Förderung auch ein Konzept zur Förderung Hochbegabter angesetzt werden müsse, wird in den letzten Jahren immer wieder die Wichtigkeit von Frühförderkonzepten betont, die am Besten bereits nach der Geburt beginnen sollen.

Unter anderem ist BLOOM ein Befürworter der Frühförderung. Nach BLOOM nimmt die Umwelt ihren größten Einfluss auf das Kind im Alter zwischen 1 - 5 Jahren (URBAN, 1982). Von der Geburt bis zum Alter von vier Jahren finden nach BLOOM bereits 50 % der Entwicklung statt und bis zum Alter von acht Jahren noch 30 %. Damit würde der Frühförderung durch Eltern und innerhalb der Kindertagesstätten eine große Rolle zufallen.

Aus der Entwicklungspsychologie wissen wir, dass bestimmte Bereiche der kindlichen Entwicklung nur innerhalb bestimmter Altersabschnitte optimal gefördert werden können. Hier liegen „sensible Phasen" vor, wie MONTESSORI (in OSWALD / SCHULZ-BENESCH, 1972, S. 16 ff) den optimalen Zeitpunkt zur Förderung nennt. MONTESSORI ist der Auffassung, dass eine Förderung während der „sensiblen Phasen" äußerst wichtig ist, um das Potential vollends zur Entfaltung zu bringen. Bei einer Förderung, die erst nach den „sensiblen Phasen" ansetzt, wird sich der gewünschte Erfolg, laut MONTESSORI, nicht mehr einstellen können.

Dieses Phänomen wird im Bereich der Sprachentwicklung besonders deutlich. Hier werden den ersten drei Lebensjahren besondere Bedeutung der Förderung zur späteren Sprachbeherrschung beigemessen (z.B. OERTER, 1995). So sind innerhalb der Sprachentwicklung auch Fälle bekannt, in denen der Sprachrückstand in späteren Altersabschnitten nicht mehr aufgeholt werden konnte. Bekannte Fälle hierzu sind das Mädchen Genie, dem erst mit 13 Jahren eine entsprechende Förderung in der Sprachentwicklung zuteil wurde (GRIMM, in OERTER, S. 750) und der Junge aus den Wäldern von Aveyron, der 1800 mit ungefähr 12 Jahren gefunden wurde und erst dann durch ITARD und seinem Schüler SÈGUIN eine Sprachförderung erhielt (in KRÄMER, 1976, S. 76). In beiden Fällen konnten die Jugendlichen den Sprachrückstand nicht mehr aufholen, obwohl im Jugendalter eine intensive Förderung einsetzte. Durch die ausbleibende Förderung innerhalb des für Sprache sensiblen Altersabschnittes, konnte sich das Sprachpotential trotz optimaler Förderung zu einem späteren Zeitpunkt niemals vollständig entfalten.

Wir sehen also, dass eine geeignete frühe Förderung von Bedeutung ist. Unterbleiben spezifische Förderungen, so wird das Kind seine Fähigkeiten niemals vollständig entfalten können.

Unter besonderer Berücksichtigung des Hochbegabungsaspektes hat TORRANCE (in URBAN, 1982, S. 56 ff) die Wichtigkeit einer optimalen Frühförderung herausgestellt. So lägen Begabungen ohne spezielle Frühförderung nicht nur brach, sondern es gehe auch Potential verloren, dass zu einem späteren Zeitpunkt nicht mehr optimal zur Geltung kommen könne. Vorhandene Begabung kann also nicht ruhend gelassen werden und dann in einem reiferen Alter gefördert werden, so wie auch die Sprachförderung im Jugendalter nicht nachgeholt werden kann. Mit zunehmendem Alter schwindet vorhandenes Potential ohne Förderung mehr und mehr.

Damit wurde auch das gängige Vorurteil widerlegt, nachdem eine spezielle Hochbegabtenförderung nicht notwendig ist, da sich das Potential sowieso entfalten und sich die Hochbegabung ihren Weg bahnen wird. Nicht Förderung allein ist wichtig, sondern auch der möglichst früh einsetzende Zeitpunkt dieser Förderung, um Potential nicht verkümmern zu lassen.

Um jedem Kind die Förderung zukommen zu lassen, die seiner individuellen Begabung gerecht wird, stellt sich nun das Problem der Diagnose einer Hochbegabung.

Um hochbegabte Kinder als solche zu identifizieren, werden als erste Anhaltspunkte in der Fachliteratur meist Persönlichkeitsmerkmale genannt. MÖNKS / YPENBURG (1998, S. 31) nennen z.B. als Persönlichkeitsmerkmale ein früher produktiver Umgang mit der Sprache, den durchaus schon im frühen Alter ein Gespür für Humor und Ironie begleitet. Auch frühe intellektuelle Interessen, die sich mit Lernbegierde und Neugier paaren, seien an hochbegabten Kindern zu beobachten.

Des Weiteren machen MÖNKS / YPENBURG (ebd.), wie auch andere Publikationen (so z.B. WEBB, 1998), auf die reichhaltige Energie aufmerksam, die hochbegabten Kindern zu eigen sei. Diese Kinder benötigten nur geringe Mengen an Schlaf, während sie in den Wachperioden dennoch meist voller Elan seien. Obwohl sich hochbegabte Kinder sehr gut konzentrieren könnten, machen dennoch FEGER (1988, S. 140) und MÖNKS / YPENBURG (1998, S. 31) darauf aufmerksam, dass hochbegabte Kinder gerne mehrere Aufgaben angehen, wovon sie jedoch nur wenige zu einem Ende führen würden. Hier seien die Eltern angehalten, den Kindern liebevoll zur Disziplin zu verhelfen.

Besonders WEBB, et. al. (1998, S. 197) betonen immer wieder die Sensibilität hochbegabter Kinder, die Schwingungen in ihrer Umgebung sehr früh wahrnehmen würden und die auch schon im frühen Alter über politische Probleme grübelten. Im Extremfall könnte diese Charaktereigenschaft zu einer Depression führen.

Diese Persönlichkeitsmerkmale sollen als erste Richtlinien verstanden werden, nach denen auf eine mögliche Hochbegabung aufmerksam gemacht werden kann.

Da eine Förderung so früh wie möglich ansetzen sollte, liegt die Aufgabe einer ersten Identifikation bei den Eltern. Bei der Identifikation durch Eltern sind m.E. jedoch zwei Schwachpunkte festzustellen. Zum Ersten gibt es Eltern, die einen großen Zeitaufwand in ihr Kind investieren. Diese Kinder erhalten dann meistens eine umfassende Förderung in den verschiedensten Gebieten, wogegen natürlich auch nichts einzuwenden ist. Die Gefahr besteht nun bei einer Identifikation durch die Eltern darin, dass die Eltern die Hochbegabung des Kindes ausschließlich an dessen Allgemeinwissen herleiten. Weitere Merkmale, wie ein eigenständiger Wissensdurst, Sensibilität oder das hohe Maß an Energie, lassen sich an den Kindern oft nicht finden. Diese Eltern können sich glücklich schätzen, ein intelligentes Kind zu haben mit einem umfangreichen Allgemeinwissen. Das Kind ist jedoch nicht hochbegabt.

Der zweite Schwachpunkt der Elternidentifikation geht in die andere Richtung. Da hochbegabte Kinder sich oft durch große Energie, wenig Schlaf und starker Lebhaftigkeit auszeichnen, sehen ihre Eltern sie eher als Problemkinder an, statt als hochbegabte Kinder. Im Extremfall halten die Eltern ihre Kinder eventuell für hyperaktiv.

In Großbritannien sind extra Checklisten für die Eltern entwickelt worden, an denen die Eltern differenzierter bestimmte Verhaltensweisen ihrer Kinder einordnen können. Nach FEGER (1988, S. 107) mangelt es den Checklisten jedoch an Systematik. Auch würden bestimmte Verhaltensmerkmale eher zufällig ausgewählt.

In der Kindertagesstätte oder in der Schule hängt dann die Identifikation oft von der Lehrernominierung ab. Besonders in der Schule könne dabei auf den Notendurchschnitt zurückgegriffen werden, sollte man meinen. Nun zeichnet sich ein hochbegabter Schüler jedoch nicht unbedingt immer durch übermäßig gute Noten aus, was auf verschiedene Gründe, die die Situation in der Schule betreffen, zurückzuführen ist. Auf die besonderen Schwierigkeiten hochbegabter Kinder in Kindertagesstätten und Schulen, die ihr Verhalten im Unterricht und auch das Lehrer-Schüler-Verhältnis betreffen, werde ich an anderer Stelle noch ausführlich eingehen. Hier sei nur gesagt, dass ein Lehrer aus dem gesamten Klassenkollektiv nur begrenzte Möglichkeiten findet, individuelles Potential der Schüler zu erkennen, wenn der Notendurchschnitt eines Schülers nicht darauf schließen lässt.

Da sich also Eltern und Lehrer bezüglich des Begabungspotential des Kindes selten sicher sind, lassen viele Eltern ihre Kinder testen. Der in Deutschland am häufigsten angewendete Intelligenztest ist der HAWIK-R, der 1956 nach der „Wechsler-Intelligence-Scale for Children" als „Hamburg-Wechsler-Intelligenztest für Kinder" herauskam und 1983 noch einmal revidiert wurde. Der HAWIK-R ist unterteilt in einen Verbalteil und einen Handlungsteil. Im Verbalteil wird der Wortschatz, Bildungsgrad und die Lernerfahrung des Kindes getestet. So können z.B. Fragen um die Person Darwin auftreten. Der Handlungsteil befasst sich mit dem Problemlösen bezüglich eines vorher unbekannten Sachverhaltes. So muss z.B. eine Bilderfolge in die richtige Reihenfolge gebracht werden.

Trotz des häufigen Gebrauchs des HAWIK-R, und seiner (oft von Fachleuten unbestrittenen) Gültigkeit zur Diagnose von Hochbegabung, sind doch Kritikpunkte anzumerken. Eines der fachwissenschaftlichen Hauptargumente ist, dass der Test ausschließlich Kindern aus der Mittelklasse entgegenkomme (z.B. FEGER, 1988). Besonders innerhalb des Verbalteils würden Kinder aus der Mittelklasse einfach aufgrund ihres umweltbedingten Feedbacks besser abschneiden, als Kinder aus Randgruppen, wie z.B. innerhalb sozialer Brennpunkte. Und in der Tat führt der „Zehnte Kinder- und Jugendbericht" des Bundesministeriums für Familie, Senioren, Frauen und Jugend Studien von MARSEL (1993) an, nach denen Kinder aus sozioökonomisch schlechter gestellten Milieus über weniger Wortschatz- und Allgemeinwissen verfügen als Kinder aus der Mittelklasse. Kindern aus sozialen Brennpunkten fehlt einfach die stimulierende Umgebung. Tests zum Wortschatz werden aber auch den Kindern schwerfallen, die aufgrund ihrer Staatszugehörigkeit der deutschen Sprache weniger bemächtigt sind. Daher hat der HAWIK-R kaum Möglichkeiten, hochbegabte Kinder aus Randgruppen zu identifizieren.

Jedoch nicht nur die Vorgehensweise des HAWIK-R, sondern auch der Untersuchungsgegenstand selbst, steht in der Kritik. So kritisiert u.a. FISHER (in SMUTNEY, 1998, S. 54) die „Zwei-Faktoren-Theorie" der Intelligenz. Nach dem Vorgehen des HAWIK-R äußert sich Hochbegabung in Sprache und Handlung, welche zusätzlich noch einem Zeitdruck ausgeliefert sind. Neuere Forschungsarbeiten beschreiben jedoch mehr als zwei Intelligenzfaktoren, wie z.B. Howard GARDNERS „Theorie der vielfachen Intelligenzen", in der GARDNER sieben Faktoren nennt. GARDNER (1985) geht dabei von einer linguistischen Intelligenz, einer musikalischen Intelligenz, Intelligenz im logisch-mathematischen, räumlichen und körperlich-kinästhetischen und einer personalen Intelligenz aus. Eine nähere Beschreibung von GARDNERS Theorie würde an dieser Stelle den Rahmen sprengen. FISHER (in SMUTNEY, 1998, S. 55) betont jedoch den Vorteil der vielfachen Intelligenzen darin, dass verschiedene gesellschaftliche Werte Berücksichtigung finden, dass Kinder aus Randgruppen und Minderheiten miteinbezogen werden können und dass ihre Fähigkeiten eine besserer Einschätzung finden. Daher ist aufgrund seiner Einseitigkeit auch ein so gerne praktiziertes Identifikationsverfahren, wie der HAWIK-R, nicht uneingeschränkt hinzunehmen.

Man kann also feststellen, dass eine Früherkennung ziemliche Schwierigkeiten mit sich bringt, besonders wenn sie sich auf objektive Beobachtungsverfahren stützt. Von wissenschaftlicher Seite wurden in den letzten Jahren eine weitere Reihe von Früherkennungsverfahren erforscht. So stützen sich einige Verfahren auf PIAGETS Theorie der kognitiven Entwicklung, nach denen ein hochbegabtes Kind die Stadien der sechsstufigen senso-motorischen Entwicklung schneller durchläuft, als normalbegabte Kinder. Dennoch bedürfen Verfahren zur Früherkennung hochbegabter Kinder weiterhin Verbesserungen.

5.2 Hochbegabte Kinder in der Kindertagesstätte

Wie bereits gesehen wurde, benötigt das hochbegabte Kind schon früh eine optimale Förderung, damit sein Potential nicht verkümmert. Die erste konzeptionalisierte Förderung erhalten die meisten Kinder in den Kindertagesstätten.

Eltern in Deutschland sehen den Besuch einer Kindertagesstätte für die Entwicklung ihres Kindes weitgehend als wichtig an. Dies wird schon daran deutlich, dass die Sicherung eines Kindertagesstättenplatzes von Parteien in der Vergangenheit mehrfach ins Wahlprogramm aufgenommen wurde und mittlerweile gesetzlich verankert worden ist.

THOMAS (1999, S. 79) nennt als Gründe für den Besuch des Kindes einer Kindertagesstätte zum einen die Wiederaufnahme der Berufstätigkeit beider Eltern. Der Kindertagesstätte würde somit eine aufbewahrende Funktion zukommen. Eine entlastende Funktion der Kindertagesstätten kommt dem von THOMAS genannten Grund zu, dass die Eltern wieder mehr Zeit für sich selbst oder für Geschwisterkinder finden, wenn ein Teil der Kinder ihre Zeit in Kindertagesstätten verbringen. Des Weiteren würden Eltern es befürworten, wenn ihre Kinder mit anderen Kindern spielen, anstatt sich zu Hause zu langweilen, meint THOMAS und spricht damit den beschäftigenden Aspekt der Kindertagesstätten an. Außerdem nennt THOMAS dann auch die kollektive Einstellung der Eltern, nach der mittlerweile der Kindertagesstättenbesuch ganz einfach in den Lebenslauf eines jeden Kindes gehöre.

Wenn davon abgesehen wird, dass THOMAS den Eltern mit dem letzten Argument ein unreflektierter Umgang mit dem Kindertagesstättenbesuch unterstellt, nachdem die Kinder aus einer Modeerscheinung heraus Kindertagesstätten besuchten, so fehlt doch ein weiterer, m. E. nach wesentlicher Punkt, weshalb Eltern der Besuch ihrer Kinder in Kindertagesstätten wichtig ist. Viele Eltern erhoffen sich nämlich auch von den Kindertagesstätten eine Unterstützung in der Förderung ihrer Kinder, wenn nicht sogar eine Kompensation der Schwachstellen ihrer Erziehungsmöglichkeiten. Die Berufstätigkeit der Eltern und die individuellen Lebensformen mit ihrer Fülle an Terminen stehen in Konkurrenz mit der Zeit, die Eltern für eine intensive Förderung ihrer Kinder benötigen. Durch die Förderkonzepte innerhalb Kindertagesstätten finden die Eltern nicht nur die Möglichkeit, dass ihr Kind aufbewahrt wird, wie THOMAS meint, sondern diese „Aufbewahrungszeit" wird auch sinnvoll genutzt, um die Kinder in ihrer Entwicklung zu unterstützen. Dem Kindertagesstättenbereich fällt somit auch der fördernde Aspekt zu.

Natürlich hegen auch Eltern hochbegabter Kinder die gleichen Wünsche, was die Förderung ihrer Kinder im Kindertagesstättenbereich betrifft. Gerade Eltern hochbegabter Kinder haben oft Schwierigkeiten, dem Wissensdrang ihrer Kinder nachzukommen. Es mangelt besonders dann an Zeit, wenn die Eltern ihrem Berufsweg nachgehen möchten oder sich um Geschwisterkinder kümmern müssen. Auch hoffen viele Eltern auf die beruflich qualifizierten Erzieher, die optimalere Fördermöglichkeiten schaffen können.

Da bereits gesehen wurde, dass hochbegabte Kinder sich in ihren Interessengebieten und Persönlichkeitsmerkmalen in manchen Dingen von ihren Altersgenossen unterscheiden, muss nun dargelegt werden, wo genau die Kindertagesstätte die Schwerpunkte ihres Erziehungskonzeptes bei diesen Kindern setzen sollte.

Hochbegabte Kinder sind besonders auf intellektuellem Gebiet anderen Kindern in ihrer Entwicklung voraus. So nennen STAPF & STAPF (in FEGER, 1998, S. 66) als entwicklungspsychologische Merkmale hochbegabter Kinder im Kindergartenalter u.a. überragende Begriffsleistungen, selbständiges Lesenlernen, Vorlieben für den Umgang mit Symbolen und abstrakten Konzepten, sowie eine intensive Beschäftigung mit numerischen, klassifikatorischen, gliedernden und ordnenden Tätigkeiten. Hier benötigen hochbegabte Kinder die Möglichkeit, ihren Interessengebieten nachzukommen und ihre Fähigkeiten auszubauen.

Meist wird eine intensive Förderung auf intellektuellem Gebiet mit dem Vorurteil belastet, das Kind zu überfordern und ihm wertvolle Zeit des Spielens zu nehmen. Hier muss jedoch zwischen zwei Förderarten unterschieden werden. Es gibt Kinder, die aufgrund überehrgeiziger Eltern oder sonstiger Umstände schon früh zu extrem guten Leistungen angehalten werden. Die Tragik liegt darin, dass diese Kinder sich nicht freiwillig und aus eigenem Interesse innerhalb der spezifischen Bereiche weiterbilden. Sie folgen lediglich dem Druck ihres Umfeldes, dass über die Kinder ihre eigenen Wünsche realisieren will, seien es ehrgeizige Eltern oder Lehrer, die sich selbst Ruhm erhoffen, oder Sonstiges.

Nicht jede früh einsetzende Förderung bedeutet jedoch auch zugleich eine Druckausübung auf das Kind. Gerade hochbegabte Kinder zeigen von sich aus starkes Interesse in Gebieten, die ihren Altersgenossen vielleicht noch nicht bekannt sind. Wie bereits gesehen, sind hochbegabte Kinder in ihrer Entwicklungspsychologie bereits weiter fortgeschritten, als der Durchschnitt. Von daher ist es vollkommen natürlich, dass sie sich für andere Bereiche interessieren, als ihre Altersgenossen. Die hochbegabten Kinder werden also nicht von ihrem Umfeld dazu angetrieben, sich weiterzubilden, sondern sie zeigen von sich aus spontanes Interesse in den verschiedensten Bereichen.

Die Sorge verschiedener Pädagogen, dem Kind Raum zum spontanen Spielen zu nehmen ist also völlig unbegründet. Hochbegabte Kinder können die gleiche spontane Lust zum Erforschen eines physikalischen Sachverhaltes aufbringen, wie gleichaltrige Kinder zum Spielen mit der Puppenküche (vergl. WEBB, 1998, S. 33).

Wenn sich Kinder zum Spiel mit der Puppenküche entscheiden, so würde kein Pädagoge von einer Überforderung sprechen, obwohl auch durch das Spiel mit der Puppe zahlreiche Lernmechanismen stattfinden. Nach LIPPITZ / MEYER-DRAWE (1989) übt sich das Kind durch den Umgang mit der Puppe nicht nur innerhalb verschiedener Rollenmuster, sondern es lernt auch über das Aussehen der Puppe sich auf Mitmenschen individuell einzustellen. Im Spiel mit der Puppe wird die Sozialisation des Kindes geschult. Also kann hier nicht allein vom bloßen Spiel und Entspannung gesprochen werden. Die Entwicklung des Kindes erhält eine intensive Förderung. Und obwohl die Entwicklung innerhalb des Sozialisationsprozesse viele Anforderungen an den Menschen stellt, scheint das Kind doch durch das Spielen in der Puppenküche nicht überfordert zu sein. Denn das Kind hat sich nach seinem individuellen Entwicklungsplan für die Puppenküche entschieden.

So wie ein Kind spielerisch über die Puppe den Sozialisationsprozess erfährt und dabei durchaus ausgeglichen ist, so erlebt ein anderes Kind spielerisch den Umgang mit Zahlen, wenn auch dieses Kind seinem individuellen Entwicklungsplan folgen darf. Und da der Entwicklungsplan hochbegabter Kinder schnell voranschreitet, wird sich ein fünfjähriges hochbegabtes Kind durch erste Rechenoperationen nicht unbedingt überfordert fühlen.

Es scheint für den Kindertagesstättenbereich also wichtig, von normativen Entwicklungstabellen abzusehen und den individuellen Entwicklungsplan des Kindes zu berücksichtigen.

Des Weiteren müsste auch der Begriff des Spiels neu definiert werden. So fallen nach Definitionen unserer Gesellschaft bestimmte Aktivitäten des Kindes in den Bereich des Spiels, wie z.B. der Umgang mit Puppen, Plastikautos oder Malstiften. Der Umgang mit Zahlen, Lesen oder die Erforschung physikalischer Gesetzmäßigkeiten fallen dagegen in der allgemeinen Meinung dem Lernbereich zu. Dabei wurde doch gerade dargestellt, dass auch bei dem Umgang mit der Puppe Lernmechanismen stattfinden. Und mittlerweile ist die Schulung der Motorik durch den Umgang mit Malutensilien hinreichend bekannt.

So kann also festgestellt werden, dass die Begriffe „Spielen" und „Lernen" in der kindlichen Entwicklung nicht unbedingt voneinander getrennt werden können. Durch das Spiel lernt das Kind verschiedene Fähigkeiten und der Prozess des Lernens kann spielerisch am ehesten gelingen. Beide Begriffe bilden einen dynamischen Prozess. Lernen ohne Überforderung findet m.E. dann statt, wenn Lernen innerhalb eines dynamischen Prozesses zum Spiel stattfindet.

Hochbegabte Kinder fühlen sich also keineswegs überfordert, wenn sie sich mit Themen befassen, die im Entwicklungsplan des Kindergartenkindes nicht unbedingt vorgesehen sind. Auch der Aspekt des Verlustes an freier Spielzeit zugunsten einer intensiven intellektuellen Förderung ist nicht haltbar. Hochbegabte Kinder erleben die Beschäftigung mit ihrem Interessengebiet als Spiel. Nicht durch eine intensive Förderung, die den Interessen und der Entwicklung des Kindes entsprechen, geht wertvolle Zeit verloren, sondern aus dem Unterlassen dieser Förderung.

Für den Kindertagesstättenbereich ist es daher von Bedeutung, Kinder individuell und mit der ihr eigenen Persönlichkeitsentwicklung zu sehen, damit die Kindertagesstätte ihrem fördernden Auftrag auch bei hochbegabten Kindern gerecht werden kann.

Der fördernde Aspekt sollte jedoch nicht als alleiniger Schwerpunkt innerhalb des bildungspolitischen Auftrags der Kindertagesstätte gesehen werden. Zur der intellektuellen Förderung eines Kindes gehört auch immer die Kultivierung des sozialemotionalen Bereiches, worin in den Erziehungskonzepten der Kindertagesstätten auch der Schwerpunkt liegt (siehe Kindertagesstättengesetz, 1999).

Mit der Förderung des sozial-emotionalen Bereiches ist die Vermittlung der Normen und Regeln gemeint, auf denen unser gesellschaftliches Miteinander basiert. Die

Kindertagesstätte ist meist die erste Institution, die ein Kind besucht, wenn es nicht vorher bereits die Kindergrippe besucht hat. Das Kind lernt nun innerhalb der Kindertagesstätte, Regeln einer Institution einzuhalten. Die Regeln bestimmen weitgehend den Tagesablauf. So gibt es bestimmte Zeiten zum Frühstücken und ggf. zum Mittagessen. Auch innerhalb verschiedener Räume gelten bestimmte Regeln. Im Außengelände wird vielleicht nur bei angebrachtem Wetter gespielt und die Bauecke darf erst bei einwandfreiem Zustand verlassen werden.

Es gibt auch Regeln, die das Miteinander mit anderen Kindern bestimmen. Moralische Grundwerte, wie andere nicht zu verletzen, oder die Tugend der Hilfsbereitschaft werden vermittelt.

All diese Regeln haben selbstverständlich auch für das hochbegabte Kind zu gelten und sollten ihm mit gleichem Nachdruck vermittelt werden. Innerhalb des sozialemotionalen Bereiches kommt bei dem hochbegabten Kind jedoch ein besonderer Aspekt hinzu. So gibt es bei hochbegabten Kinder häufig das Phänomen einer Asynchronie, das u.a. bei WEBB et al. (1998, S. 162) behandelt wird. Dieses Phänomen soll im folgenden Kapitel dargestellt werden.

5.2.1 Asynchronie

Asynchronie bedeutet, dass bestimmte Dinge nicht im Einklang zueinander stehen. Verläuft etwas synchron, so entsteht ein perfektes Zusammenspiel. Bei einer Asynchronie dagegen scheinen bestimmte Gegebenheiten einfach nicht aufeinander abgestimmt zu sein.

Nach WEBB et al. (1998, S. 162) sind bei hochbegabten Kindern mehrere Arten einer Asynchronie festzustellen, die jedoch nicht bei jedem Kind alle zusammen auftreten müssen. Die verschiedenen Asynchronien, die WEBB et al. nennen, seien an dieser Stelle in zwei Gruppen gefasst, nämlich in eine äußere Asynchronie zwischen dem hochbegabten Kind und seiner Umwelt und in eine innere Asynchronie, die verschiedene Entwicklungsaspekte des hochbegabten Kindes betreffen.

Die erste Gruppe betrifft also eine Diskrepanz zwischen dem hochbegabten Kind und seiner Umwelt. Wie bereits gesehen wurde, eilt das hochbegabte Kind entwicklungspsychologisch seinen Altersgenossen voraus. Ferner wurde auch gesehen, dass die meisten Förderkonzepte jedoch an der Norm orientiert sind. So lebt das hochbegabte Kind nicht nur in einem Zustand permanenter Anpassung, sondern sein Potential steht in Diskrepanz zu den Anforderungen seiner Umwelt. Dem hochbegabten Kind wird somit früh vermittelt, seine eigenen Interessen und Fähigkeiten zurückzuschrauben. Der Entwicklungsplan des Kindes steht in Asynchronie zu den Normvorstellungen seiner Umwelt. Hier entsteht dann auch oft das Phänomen des Underachievement. Das hochbegabte Kind unterdrückt sein Potential mit soviel Geschick, dass es nicht mehr als hochbegabt erkannt wird. Es gilt dann oft als durchschnittlich begabtes Kind. Zu diesem Phänomen wird jedoch innerhalb dieser Arbeit unter dem Aspekt der Grundschulförderung näher eingegangen werden. Für den Kindertagesstättenbereich ist es jedoch für das hochbegabte Kind wichtig, dass es seinen eigenen Interessen nachgehen kann und seine Entwicklung nicht an der Norm orientiert wird.

Ein weiterer Aspekt der Diskrepanz zwischen dem hochbegabten Kind und seiner Umwelt ist die Asynchronie zu den Bezugspersonen. Die ersten und wohl wichtigsten Bezugspersonen eines Kindes sind die Eltern. WEBB et al. (1998, S. 50) sehen in dem Elternhaus eine Art „Impfwirkung" für das Kind. So könnten viele Probleme des Alltags besser bewältigt werden, wenn das Kind in einem liebevollen und geborgenen Elternhaus aufgefangen wird.

Manchmal fühlen sich jedoch die Eltern dem hohen intellektuellen Potential ihrer Kinder gegenüber verunsichert. Die herkömmlichen Elternrollen, nach denen die Kinder von den Eltern lernen, scheinen nicht mehr eingenommen werden zu können. Viele Eltern merken schon im frühen Alter ihrer Kinder, dass sie deren Fragen nicht mehr beantworten können. Vielmehr scheint es, als würden sie von ihrem Kind belehrt werden.

Dieses Phänomen ereilt dann später auch die Erzieher in den Kindertagesstätten. Auch sie fühlen sich vielleicht von dem Wissen des hochbegabten Kindes überrollt oder sogar bevormundet. Manche Erzieher fühlen sich auch in ihrer Autorität bedroht, wenn ein Kind in seiner Entwicklung viel reifer wirkt, als die Kinder, die ihnen bisher bekannt sind. Für die Erzieher ist es wichtig zu erkennen, dass ihre Autorität nicht allein durch ihre Allgemeinbildung aufgebaut ist. Wenn die hochbegabten

Kinder auch durch ihren Wissensvorsprung reif wirken, so brauchen sie doch, wie alle Kinder, emotionale Unterstützung, wie Trost oder das Gefühl der Geborgenheit. Hinter den Äußerungen der hochbegabten Kinder steht nicht die Absicht eines Machtkampfes mit den Erziehern, sondern allein ein Mitteilungsbedürfnis. Jedes Kind, wie auch jeder Erwachsene, steht in Konversation mit seiner Umwelt. Nur erwecken die Äußerungen hochbegabter Kinder manchmal einen falschen Eindruck, weil sie von Kindern ihres Alters in der Regel nicht erwartet werden.

Der letzte Aspekt der Asynchronie zwischen Kind und Umwelt betrifft den Freundeskreis. Da hochbegabte Kinder intellektuell ihren Altersgenossen überlegen sind, orientieren sie sich gerne an älteren Kindern oder Jugendlichen. Hier ist es für die Kinder jedoch schwer, Freundschaften aufzubauen, da sie körperlich mit älteren Freunden nicht mithalten können. Bei Bewegungsspielen sind die jüngeren Kinder meist unterlegen und frustriert. Und auch, wenn die älteren Freunde entwicklungspsychologisch den hochbegabten Kinder mehr ähneln, als gleichaltrige Freunde, fehlt dennoch ein gemeinsames Interessengebiet. Dies wird m.E. besonders in der Pubertät deutlich, wenn das Interesse am anderen Geschlecht im Mittelpunkt steht. Hier fehlt den hochbegabten, aber jüngeren, Kindern einfach die nötige Reife.

So sieht das hochbegabte Kind meist keine gemeinsame Basis bei Altersgenossen, wird aber von einem älteren Freundeskreis oft nicht anerkannt. WEBB et al. (1998, S.33) empfehlen einen ausgewogenen Freundeskreis, mit gleichaltrigen Freunden für die körperliche Entwicklung und mit älteren Freunden für die intellektuellen Interessen. Diese Empfehlung scheint sinnvoll, ist m.E. jedoch nicht leicht in die Praxis umzusetzen. Wenn ein hochbegabtes Kind mit gleichaltrigen Kindern z.B. auf dem Spielplatz spielt, so liegt vielleicht der Schwerpunkt auf der körperlichen Ertüchtigung. Dennoch kann der Intellekt nicht einfach ausgeschaltet werden. Kein Spiel basiert nur auf dem körperlichem Gesichtspunkt, sondern wird von den Kindern auch mit Strategien versehen. Hier übernimmt das hochbegabte Kind schnell die Rolle des Führers der Gruppe, was wiederum rasch in die Rolle eines Diktators ausarten kann, wie auch WEBB et al. (1998) vermerken. So fühlen sich gleichaltrige Kinder schnell durch das hochbegabte und intellektuell überlegene Kind unterdrückt und meiden es.

Aber auch in einem älteren Freundeskreis wird ein hochbegabtes Kind meist wenig anerkannt, weil eine gemeinsame Basis nicht nur auf intellektuellem Gebiet bestehen kann. Hier fehlt dem hochbegabten Kind nicht nur die körperliche, sondern auch die emotionale Reife. So wird das hochbegabte Kind aufgrund seines Entwicklungsstandes alberner oder verspielter wirken, als die älteren Kinder.

Die Asynchronie der hochbegabten Kinder entsteht also dort, wo die Kinder von der Norm abweichen. Für den Kindertagesstättenalltag erscheint es wichtig, dass sich die Erzieher der Asynchronie bewusst sind. Eine Asynchronie bedeutet für jedes Kind Frustration, weil seine Persönlichkeit nicht mit den Normvorstellungen der Umwelt übereinstimmt. Das Kind erhält meist negative Rückmeldungen von seiner Umwelt, sei es von den Erziehern, auf die die Art des Kindes befremdend wirkt oder von den anderen Kindern, die sich distanzieren. Nach COOLEY baut jedoch jeder Mensch sein Selbstkonzept durch die Rückmeldungen seiner Bezugspersonen auf (vergl. HELLE, 1977, S. 52). Erhält das Kind nur negative Rückmeldungen, so wird es auch ein negatives Selbstkonzept aufbauen. Als weitere Möglichkeit wird das Kind versuchen sich anzupassen, um den Vorstellungen seine Umwelt gerecht zu werden. Seine Persönlichkeit wird damit jedoch unterdrückt. Dies hat für das hochbegabte Kind zur Folge, dass sein Potential nicht erkannt werden kann und verkümmert.

Für ein hochbegabtes Kind in der Kindertagesstätte gilt, dass es sich natürlich an dieselben Regeln halten muss wie die anderen Kinder auch. Der Erzieher muss für sich jedoch selbst klären, wann ein hochbegabtes Kind durch sein Verhalten wirklich die Regeln überschreitet, oder wann es die Normvorstellungen des Erziehers überschreitet. Handlungen oder Äußerungen des Erziehers zu hinterfragen ist etwas anderes, als allgemeingültige Regeln nicht einzuhalten.

Natürlich kann nicht jeder Erzieher bei jedem Kind und in jeder Situation immer richtig reagieren. Wenn sich jedoch das hochbegabte Kind nicht nur seiner Umwelt anpassen muss, sondern auch die Umwelt die individuelle Persönlichkeit des Kindes respektiert, so bewegen sich die beiden Komponenten wieder mehr im Einklang und einer Asynchronie kann entgegengewirkt werden.

Die zweite Gruppe der Asynchronie betrifft eine innere Diskrepanz des hochbegabten Kindes. Wie bereits gesehen wurde, ist das hochbegabte Kind entwicklungspsychologisch weiter vorangeschritten, als seine Altersgenossen. In anderen Entwicklungsbereichen, wie der körperlichen oder emotionalen Entwicklung schreitet es jedoch nicht schneller als andere Kinder voran. Innerhalb dieser Arbeit wurde bereits dargestellt, dass die Diskrepanz zwischen körperlicher und intellektueller Entwicklung Schwierigkeiten im Freundeskreis mit sich bringt. Das hochbegabte Kind fühlt sich zu älteren Kindern hingezogen, ist ihnen jedoch körperlich unterlegen.

Diese körperliche Unterlegenheit bemerkt das hochbegabte Kind jedoch nicht nur im direkten Vergleich mit älteren Kindern. So entwickelt das hochbegabte Kind sich auch in der Feinmotorik nicht synchron zu seinem Intellekt. Wenn ein hochbegabtes Kind z.B. schon mit vier Jahren mit dem Lesen beginnt, so möchte es auch schreiben lernen. Intellektuell weiß es zwar, welche Buchstaben aneinandergereiht werden müssen, feinmotorisch ist es jedoch noch nicht in der Lage, den Buchstaben die gewünschte Form zu geben. Dieses Kind wird sich schon früh als Gefangener im eigenen Körper fühlen, was einem gesunden Körperbewusstsein entgegenstehen wird.

Diese Asynchronie zwischen körperlicher und intellektueller Entwicklung wird das Kind natürlich frustrieren und es sogar aggressiv machen. Daher ist es für Erzieher wichtig, sich der Asynchronie bewusst zu sein, um das Kind besser zu verstehen. Natürlich darf sich auch ein hochbegabtes Kind keine Wutausbrüche erlauben, womit es sich selbst oder die Gruppe gefährdet. Wenn jedoch der Grund der Frustration bekannt ist, so kann das Kind mit mehr Verständnis aufgefangen werden.

Eine weitere innere Asynchronie besteht zwischen der intellektuellen und der emotionalen Entwicklung des Kindes. Hochbegabte Kinder wirken schnell frühreif. Sie haben ein umfangreiches Wissen und sind auch schon im Kindergartenalter in der Lage, z.B. über politische Themen sachlich zu diskutieren (MÖNKS / YPENBURG, 1998, S. 31). Dies hat zur Folge, dass ein hochbegabtes Kind ausschließlich über seine intellektuelle Seite definiert wird. Es erhält schnell den Status eines Erwachsenen.

Hochbegabte Kinder sind aber auch - und das in erster Linie - Kinder. Auch sie durchlaufen die typischen Angstphasen, die jedes Kind in seiner emotionalen Entwicklung durchläuft (vergl. STEINHAUSEN & v. ASTER, 1999, S. 188). Daher kann es durchaus vorkommen, dass ein hochbegabtes Kind sachlich über die Probleme des Nahen Ostens diskutiert, aber nicht alleine in ein dunkles Zimmer gehen will, weil es Angst vor Gespenstern hat.

Die Umwelt des hochbegabten Kindes reagiert darauf jedoch oft mit Unverständnis (WEBB et al., 1998, S. 103). Denn gerade bei einem intellektuell so reif wirkenden Kind fällt es um so schwerer, irrationales Verhalten zu dulden. Dies kann u.U. sogar soweit führen, dass ein hochbegabtes Kind strenger behandelt wird, wenn es kindliche Gefühlsausbrüche zeigt. Dieses Verhalten wird von einem hochbegabten Kind oft einfach nicht mehr erwartet.

Das hochbegabte Kind braucht, wie seine Altersgenossen, Verständnis für seine Ängste und Emotionen. Auch wenn es sehr reif wirkt, so unterscheidet es sich in seiner emotionalen Entwicklung nicht von den anderen Kindern. Deshalb hat auch ein hochbegabtes Kind ein Recht darauf zu toben, zu albern oder betrübt zu sein. Ein Kind darf nicht nur über ein besonderes Merkmal definiert werden, sondern jeder Mensch besitzt eine Fülle an Persönlichkeitsfacetten.

Und so sollte auch der Schwerpunkt bei der Erziehung eines hochbegabten Kindes nicht ausschließlich auf den intellektuellen Bereich gelegt werden. Für das hochbegabte Kind gilt, wie für jedes Kind, dass es ein ganzheitliches Wesen ist. Deshalb sollte auch eine Erziehung die gesamten Interessen und Persönlichkeitsmerkmale berücksichtigen.

5.3 Hochbegabte Kinder in der Grundschule

Nach FEGER (1988, S. 148) hegen hochbegabte Kinder hohe Erwartungen an die Schule. Besonders dann, wenn in der Kindertagesstätte ihrer Wissbegierde nicht nachgegangen werden konnte oder wollte, würden die hochbegabten Kinder die Grundschule als die Erfüllung ihrer Wünsche ansehen. Sie erhofften, endlich detaillierte Antworten auf ihre vielfältigen Fragen zu erhalten. Leider würde die Mehrheit der hochbegabten Kinder in ihren Vorstellungen enttäuscht.

Die kollektive Lehrmethode innerhalb altershomogener Klassen, wie sie an bundesdeutschen Grundschulen praktiziert wird, hat den Nachteil, dass die Kinder, deren Potential sich unter oder über dem Durchschnitt befindet, über- bzw. unterfordert werden. In der Sonderpädagogik sind mittlerweile hinreichend die Folgen bekannt, die eine ständige Überforderung an ein lernbeeinträchtigtes Kind darstellen. Die Kinder leben in ständiger Frustration und erleiden Schäden innerhalb ihres Selbstkonzeptes durch ständige Misserfolge. Daher erhalten viele Schüler, die nicht dem Lernfortschritt der Klasse folgen können, wenn z.b. eine Legasthenie oder Dyskalkulie vorliegt, eine spezielle Betreuung in der Schule, ohne den Klassenverband verlassen zu müssen. Dies ist auch zu befürworten und natürlich auch weiterhin zu verbessern. Wie sieht es dagegen jedoch mit den Kindern aus, deren Lernkapazität über dem Durchschnitt liegt?

MÖNKS / YPENBURG (1998, S. 52) machen darauf aufmerksam, dass die Anpassung hochbegabter Kinder an den Klassendurchschnitt meist auf Kosten ihrer Entwicklungsmöglichkeiten geschehe. Die ständige Unterdrückung der eigenen Fähigkeiten könne schnell zu Motivationsmangel führen.

Ein hochbegabtes Kind, dass in der Schule niemals wirklich gefordert wird und die Grenzen seiner Fähigkeiten nie richtig kennenlernen durfte, kann nur schwer Lernmotivation aufbauen. Das hochbegabte Kind sieht einfach keine Veranlassung zum Lernen, da es, besonders in der ersten Klasse, den Unterrichtsstoff schon beherrscht. Diese Demotivation kann sich schnell in den gesamten Lebensbereich des Kindes erstrecken. Wenn das hochbegabte Kind in der Grundschule niemals die Befriedigung erlebt hat, die das selbständige Lösen einer äußerst schwierigen Aufgabe, die großen geistigen Einsatz vom Kind verlangte, mit sich bringt, dann fehlt der positive Verstärker, der das Kind zu neuen Aufgaben anspornt. Das hochbegabte Kind wird dann das erste Schuljahr als eine ständige Wiederholung seines Wissens erleben, ohne die Begleitung von Erfolgserlebnissen. Dies kann im schulischen Bereich dazu führen, dass das Kind sich aus dem Unterrichtsgeschehen ausklinkt. Der Unterrichtsstoff schreitet jedoch immer weiter voran und plötzlich hat das Kind in seiner Zurückgezogenheit den Anschluss verloren. Da es jedoch nie ein motiviertes Lernverhalten kennengelernt hat, wird es schwierig, den Überblick über den Unterricht wiederherzustellen. Dies führt dann zum Leistungsversagen, obwohl Potential im Kind steckt.

Im Extremfall hat das Kind nicht nur in der Schule Motivationsmangel gezeigt, sondern auch in seinen privaten Interessengebieten. Das Potential des Kindes erfährt dann niemals eine Kultivierung. Wie bereits in den vorangegangenen Kapiteln dargestellt wurde, kann jedoch das Ausbleiben der Förderung zu einem Potentialverlust führen. Ein früher Motivationsmangel kann somit für ein hochbegabtes Kind fatale Folgen haben.

In der Fachliteratur wird in diesem Zusammenhang oft auf das Phänomen des „Underachievements" aufmerksam gemacht. Bei dem Underachievement ist von hochbegabten Leistungsversager die Rede, bei dem eine Diskrepanz zwischen seinen Fähigkeiten und den erbrachten Leistungen besteht. MÖNKS / YPENBURG (1998, S. 58) nennen als Merkmale des hochbegabten Leistungsversagers u.a. schwache Konzentration, negatives schulisches Selbstkonzept, geringes Lerntempo, negatives Urteil über Lehrer und Schüler, Prüfungsangst, geringes soziales Selbstvertrauen.

In diesem Zusammenhang sehen MÖNKS / YPENBURG (ebd.) das Selbstkonzept des Schülers als wichtigsten Aspekt. Hier sei zu klären, wie sich das hochbegabte Kind in Bezug auf seine intellektuellen, sozialen und körperlichen Eigenschaften sieht und sich in seiner Wirkung auf andere beurteilt. Wie bereits gezeigt wurde, kann ein unterfordertes Kind kaum seine eigenen Grenzen kennenlernen. So erlebt es auch niemals die Fremd- und die Eigenbestätigung, wenn es eine knifflige Aufgabe endlich gelöst hat. Das Kind hat somit nicht gelernt, seine Fähigkeiten richtig einzuschätzen, geschweige denn, auf seine Leistungen stolz zu sein. Dies sind jedoch wichtige Aspekte, um ein Selbstkonzept aufzubauen.

WEBB et al. sagen zum Lernverhalten eines Kindes folgendes:

„ Die Motivation eines Kindes zur Leistung, zum Lernen, dazu, Wissen zu zeigen und zur Gruppe beizutragen, ist eng damit verknüpft, wie es sich selbst sieht, und wie es mit signifikanten anderen zusammenzupassen glaubt." (WEBB et al. , 1998, S. 88)

WEBB et al. (1998, S. 79 ff) nennen im Zusammenhang mit dem Underachievement die intrinsische und extrinsische Motivation. Oft handeln Menschen aus einer extrinsischen Motivation. Ein Schüler lernt z.B. für eine Prüfung oder erledigt die Hausaufgaben, da er weiß, dass sein Handeln Konsequenzen von Außen erfährt (z.B. eine gute Note). Oft beherrschen einen Menschen aber auch intrinsische Motivationen. Diese können bei einem Schüler z.B. so aussehen, dass er bei großer Frustration, den Lehrer, seine Mitschüler und die gesamte Schule als Bedrohung erlebt. Die

Schule wird zum Feind erklärt und jegliches Bemühen für die Schule hieße, konspirieren mit dem Feinde.

Im Hinblick auf die intrinsische Motivation und auch auf das Lernverhalten des Kindes ist es also wichtig, wie das hochbegabte Kind in der Grundschule aufgehoben ist, um Motivationsmangel oder Frustration effizient entgegenzuwirken.

5.3.1 Akzeleration und Enrichement

Im Zusammenhang mit den schulischen Fördermöglichkeiten in Deutschland werden meist Akzeleration und Enrichement genannt. Akzeleration bedeutet das Überspringen einer Klasse, wenn das hochbegabte Kind bereits die Schule besucht. Eine weitere Möglichkeit der Akzeleration ist aber auch die vorzeitige Einschulung, nach der ein hochbegabtes Kind beispielsweise schon mit fünf Jahren die erste Klasse besucht. Enrichement bedeutet dagegen ein Zusatzangebot zum Unterrichtsstoff. Dies können zusätzliche Arbeitsblätter oder Referate sein.

In anderen Ländern, z.b. den USA, gibt es noch andere schulische Fördermöglichkeiten. So nennen MÖNKS / YPENBURG (1998, S. 55) das „curriculum compacting" nach RENZULLI. Wenn das hochbegabte Kind schneller mit dem Lernstoff vorankommt, als seine Mitschüler, so kann es sich in diesen Unterrichtsfächern mit anderen Studien beschäftigen oder darf am Unterricht in einer höheren Klassenstufe teilnehmen. Ein anderes Modell bilden die „D-Zug Klassen". Hier werden die besonders begabten Schüler in einem schnelleren Lerntempo unterrichtet. So wird etwa der Stoff eines ganzen Schuljahres in nur sieben Monaten durchgenommen. In Deutschland sind die gängigsten Verfahren jedoch Akzelaration und Enrichement, die nun genauer betrachtet werden sollen.

Der Gesetzgeber sieht in Deutschland zur Akzeleration folgende Richtlinien vor (aus HEINBOKEL, 1996, S. 21 ff):

Kinder sind generell schulpflichtig, wenn sie bis zum 30. Juni des Einschulungsjahres sechs Jahre alt werden. Eine frühe Einschulung kann erfolgen, wenn das Kind zwischen dem 1. 7. und 31. 12. des Einschulungsjahres sechs Jahre alt wird. Diese muss beantragt werden. Das Kind kann also maximal ein halbes Jahr früher zur Schule gehen, als üblich. Das Überspringen von Klassen ist genehmigt während der

Grundschulzeit, innerhalb weiterführender Schulen in der Sekundarstufe I. Außerdem kann die 11. Klasse der Sekundarstufe II übersprungen werden.
Generell muss die Schule mit dem Überspringen einverstanden sein. Dies sieht der Gesetzgeber vor und wird auch fachwissenschaftlich empfohlen (z.b. FEGER, 1988 oder MÖNKS / YPENBURG, 1998). Im Idealfall bieten die Schulen das Überspringen den Eltern und dem Kind an. Dies geschieht dann aus der Beobachtung des Lehrers, der einer starke Unterforderung des Kindes entgegenwirken will. Der Lehrer möchte dann das vorhandene Potential nicht verkümmern lassen. Oder der Lehrer sieht für das Kind eine erhebliche seelische Belastung, wenn es nicht ausreichend gefordert wird und sich ständig dem Klassendurchschnitt anpassen muss. Viele hochbegabte Kinder kompensieren ihre Unterforderung in der Schule durch rebellisches bis zum delinquenten Verhalten. Die Kinder überbrücken damit nicht nur langweilige Zeit, sondern versuchen auch, ihrer Frustration Luft zu machen. Vielen Lehrern wird es dadurch schwer, die hochbegabten Kinder im Klassenverband zu integrieren und erhoffen durch das Überspringen neue Anforderungen an das hochbegabte Kind und somit eine Verbesserung des Verhaltens.

Leider ist das Überspringen von Klassen in unserer Gesellschaft oft mit Vorurteilen behaftet, die auch unter Lehrern zu finden sind. HEINBOKEL meint zur gängigen Einstellung bezüglich des Überspringens:

„In der Literatur über Hochbegabte wird das Springen entweder neutral als Möglichkeit erwähnt oder positiv dargestellt, überwiegend ohne Hinweise auf (amerikanische) Untersuchungen. Diese Literatur ist in der Bundesrepublik noch nicht sehr bekannt.
Allgemein ist unter PädagogInnen, PsychologInnen und Eltern eher eine skeptische bis stark ablehnende Haltung zu finden." (HEINBOKEL, 1996, S. 34)

Als ein Hauptargument wird nach den Untersuchungen HEINBOKELS (1996, S. 36) meist der sozial-emotionale Aspekt des Kindes genannt. Das Kind würde aus seinem vertrauten Umfeld und von seinen Freunden genommen und müsste in der neuen Klasse wieder seinen Platz finden. Auch würden Etikettierungen seitens der Schüler, wie z.B. „Streber", befürchtet, die das hochbegabte Kind in das soziale Aus katapultieren würden. Des Weiteren nennt HEINBOKEL (ebd.) Befürchtungen der Lehrer und Pädagogen bezüglich des Lernknicks. Das hochbegabte Kind könnte eventuell den Anforderungen der höheren Klasse nicht vollständig gewachsen sein. Die Beeinträchtigung des Selbstwertgefühls und starker Motivationsmangel bezüglich des Lernverhaltens wird befürchtet.

Diese Argumente werden dann jedoch in HEINBOKEL (ebd.) durch mehrere Studien widerlegt (z.B. von HAMMER, KRAMER, PETTERS, 1982; KÖTTER, 1985; Reitmejer, 1988). Diese Studien zeigen eine Stärkung des Selbstwertgefühls bei Kindern, die eine Klasse übersprungen haben. Die Mehrheit der Kinder erlebte das Springen als unproblematisch, fanden sich schnell im Klassenverband zurecht und zeigten weniger Frustration durch Langeweile. Auch das Argument des Lernknicks konnte widerlegt werden. So wurde bei den Springern im Durchschnitt ein Absinken des Notendurchschnitts um ½ beobachtet, was nun nicht als Lernknick bezeichnet werden kann. Nach KÖTTER haben 5 von 6 Springern ihren Entschluss nicht bereut. Dennoch wird das Überspringen immer noch mit Misstrauen gesehen und eine Empfehlung der Schule bezüglich des Springens ist nicht immer die Regel. In diesem Fall ergreifen die Eltern des hochbegabten Kindes die Initiative und gehen selbst auf die Schule zu. Im günstigen Fall kann eine Einigung zwischen Eltern und Schule erbracht werden, in der beide Seiten kooperativ zum Wohle des Kindes handeln. Dies kann durch zusätzliche Unterrichtsangebote oder durch probeweises Überspringen erfolgen.

Es kann jedoch auch der Fall eintreffen, dass sich die Schule gegen spezielle Fördermaßnahmen stellt und es zu Spannungen zwischen Eltern und Schule kommt. Die DGhK empfiehlt für diesen Fall einen Intelligenztest am Kind durchführen zu lassen, um der Schule mit Fakten gegenübertreten zu können. Des Weiteren bietet die DGhK auch Gespräche ihrer Mitarbeiter mit der Schule an.

Zugleich wird aber auch in der Fachwissenschaft vor einem allzu aggressiven Vorgehen gegenüber der Schule gewarnt (z.B. MÖNKS / YPENBURG, 1998, S. 54). Wird das Überspringen gegen den Willen der Schule durchgesetzt, so kann es zu sogenannten sich selbst erfüllenden Prophezeiungen kommen. Ist nämlich der Lehrer von Beginn an mit Skepsis vorbelastet, so wird jeder Anlass als Bestätigung seiner Skepsis gewertet. Probleme des hochbegabten Schülers werden dann meist als Folge des Überspringens gesehen, anstatt ihrem wirklichen Ursprung auf den Grund zu gehen.

Vor allem sollte in dem Streit zwischen Schule und Eltern niemals der eigentliche Grund aus den Augen verloren werden, nämlich das Wohl des Kindes. Spannungen zwischen Schule und Eltern werden sich immer zum Nachteil auf das Kind auswirken. Überspringt ein Kind ohne die eigentliche Zustimmung der Schule, so wird es sich wohl niemals in seiner neuen Umgebung willkommen fühlen. Das Verweilen in der alten Klasse kann jedoch wiederum zu einer großen Belastung für das Kind werden, aufgrund ständiger Unterforderung und Anpassung. Von daher sollte die eigentliche Entscheidung beim Kind selbst liegen. Eltern und Lehrer können dem Kind helfen, seine Situation objektiv zu beurteilen. Letztendlich muss jedoch das Kind mit der Situation leben. Es wird am ehesten abschätzen können, innerhalb welcher Situation die Bedingungen die günstigeren sind.

Auch FEGER (1988, S. 152) hält die Entscheidungsfreiheit des Kindes für wichtig. Dem Kind würde damit auch signalisiert, dass es selbst für sein Leben verantwortlich ist und fühle sich nicht in eine Maßnahme gedrängt.

Neben der vieldiskutierten Akzeleration bildet das Enrichement eine weitere Fördermöglichkeit des hochbegabten Kindes in der Schule. Bei dieser Maßnahme erhält das hochbegabte Kind zusätzliche Unterrichtsangebote. Diese bestehen meist aus Zusatzaufgaben oder Arbeitsblättern und werden auch bei Schülern angewandt, die schnelle Arbeiter sind, aber nicht unbedingt auch als hochbegabt gelten.

Die Arbeitsblätter bieten den Vorteil einer Beschäftigung ohne größeren Aufwand für den Lehrer. Der Lehrer muss auch den anderen Schülern in der Klasse gerecht werden. Durch die Arbeitsblätter kann sich das Kind selbst beschäftigen. So wird die Wartezeit überbrückt, in der sonst das hochbegabte Kind auf seine langsamer arbeitenden Mitschüler warten muss.

Arbeitsblätter sollten jedoch nur einen kleineren Teil des Zusatzangebotes für hochbegabte Schüler ausmachen. Sie sind nicht als alleinige Alternative zu sehen. Die Arbeitsblätter sind nämlich so angelegt, dass sie lediglich eine Wiederholung des bereits Gelernten behandeln. Ständige Wiederholungen sind jedoch laut MÖNKS / YPENBURG (1998, S. 57) bei hochbegabten Kindern zu vermeiden, da sie den Unterrichtsstoff bereits bestens beherrschen.

Zu den Eigenschaften hochbegabter Kinder zählt, wie bereits erwähnt, ein großer Wissensdurst. Diesem Wissensdurst wird jedoch durch ständiges Wiederholen keine neue Nahrung gegeben. Das Kind erlebt bei den Arbeitsblättern als alleiniges Zusatzangebot wieder keine echte Herausforderung, die so wichtig für sein Lernverhalten und Selbstwertgefühl wäre. Die Arbeitsblätter bedeuten zwar ein quantitatives, jedoch kein qualitatives Zusatzangebot. So wird auch ein noch so großes Angebot an Arbeitsblättern das hochbegabte Kind nicht aus der Unterforderung herausholen, solange diese lediglich auf Wiederholungen basieren.

Generell sollte beim Enrichement der eigentliche Auftrag der Grundschule nicht aus den Augen verloren werden. Dazu gehört u.a. das Vermitteln von Fähigkeiten und Fertigkeiten, sowie Freude am Lernen zu wecken und „die Leistungsbereitschaft zu erhalten" (Leitlinien des Kultusministeriums, 1984, S. 5). Ziel der Grundschule ist also das Vermitteln von Wissen durch Lernen und nicht einfache Beschäftigung oder das ständige Wiederholen von bereits vorhandenem Wissen. In noch viel stärkerem Maße als in der Kindertagesstätte, liegt der Schwerpunkt der Grundschule auf dem erziehenden und fördernden Aspekt und nicht auf dem aufbewahrenden Aspekt.

Auch für hochbegabte Kinder gelten die Leitlinien des Kultusministeriums, die das Vermitteln von Wissen und die Freude am Lernen vorsehen. Nur das ein hochbegabtes Kind zusätzlich ein differenzierteres Lernangebot benötigt, als der Klassendurchschnitt.

MÖNKS / YPENBURG (1998, S. 57) nennen eine Reihe von praktizierten Beschäftigungsmaßnahmen für hochbegabte Kinder an deutschen Schulen, die jedoch keineswegs zu einem Enrichementprogramm gehören sollten. So würden hochbegabte Kinder oft für Beschäftigungen vorgesehen, die keineswegs einen fördernden Aspekt beinhalten, wie das Aufräumen von Schränken, Pflanzen versorgen oder alte Zeitungen sortieren. Durch diese Aufgaben wird das Kind zwar beschäftigt, die Grundschule wird aber in keiner Weise ihrem Bildungsauftrag gerecht. Außerdem tragen solche Arbeiten nicht gerade zum Selbstwertgefühl des Kindes bei.

Weitere häufig praktizierte Beschäftigungsmaßnahmen sind nach MÖNKS / YPENBURG (ebd.) die Überprüfung von Hausaufgaben der Mitschüler oder den Mitschülern Nachhilfe zu geben. Auch hier erfährt das hochbegabte Kind keine wirkliche Förderung. Sein Wissen wird nicht erweitert und sein Lernverhalten nicht gefördert. Außerdem kann durch diese Maßnahmen das hochbegabte Kind schnell in Misskredit seiner Mitschüler fallen. Für sie erhält das hochbegabte Kind den Status eines Lehrers, was hier jedoch durch Eifersucht negativ bewertet wird.

Wie kann nun aber eine wirkliche Bereicherung des Unterrichts und Förderung des hochbegabten Kindes aussehen? Am ehesten käme den hochbegabten Kindern, und auch allen anderen Kindern, ein Unterricht zu Gute, nach dem sie innerhalb ihres individuellen Entwicklungsplans mit dem Stoff voranschreiten können. Diese Unterrichtsform ist in reformpädagogisch orientierten Schulen zu finden. Dennoch sollte, und kann, auch in Regelgrundschulen individuell gefördert werden. Der Lehrer könnte z.b. Themen anbieten, die den Interessen seiner Schüler entsprechen, wie Raumfahrt oder Kunst. Auch könnte er verschiedene Aspekte des Unterrichtsstoffes vertiefen und auf andere Fächer ausweiten. So kann z.b. das Thema Wasser biologisch, chemikalisch und auch unter dem religiösen oder künstlerischen Aspekt behandelt werden. Aber auch hier sollten die Zusatzangebote von qualitativem und weniger von quantitativem Charakter sein.

Wie in der Kindertagesstättenförderung gilt auch für die Grundschulförderung den individuellen Entwicklungsplan und Interessenschwerpunkt des Kindes zu berücksichtigen und von Normvorstellungen abzusehen. Wenn ein Kind Interesse in Kunst zeigt, so ist es egal, ob es mit fünf oder mit fünfzehn Jahren den Expressionismus kennenlernt in Bezug des Kunstverständnisses, aber nicht in Bezug auf der Ausschöpfung seines Potentials.

Zum Unterrichtsaufbau bieten sich bei der Arbeit mit hochbegabten Kindern Freiarbeit und Gruppenarbeit, selbständiges Problemlösen und Referate an, wie auch MÖNKS / YPENBURG (1998, S. 56) empfehlen. Besonders Referate würden sich gut eignen, um dem (hochbegabten) Kind Freude am Lernen zu vermitteln und seine Motivation anzuspornen. Das Kind lernt, selbständig für ein Thema zu recherchieren und kann dieses Thema auf andere Art entdecken, als durch den Frontalunterricht im Klassenzimmer. Es erhält einen persönlichen Bezug zum Unterrichtsstoff. Vor allem das hochbegabte Kind darf in einem Referat sein Potential zur Geltung bringen. Seiner Wissbegierde wird Nahrung geliefert und es erhält endlich die Möglichkeit, an seine eigenen Grenzen zu stoßen, wenn das Thema zu komplex wird oder selbst die Wissenschaft noch nicht alle Fragen beantwortet hat.

Die Förderung hochbegabter Kinder bedarf also mehr, als reiner Beschäftigung. Wenn die Grundschule ihren Leitlinien gerecht werden will, so darf sie bei hochbegabten Kindern nicht an normativ vorgegebenen Entwicklungsmustern und Lehrplänen festhalten. Denn auch ein hochbegabtes Kind will und muss in der Grundschule angemessen unterrichtet werden, um sein Potential auszuschöpfen, seinen Horizont zu erweitern, Wissen zu erlangen, Lernverhalten aufzubauen und sein Selbstwertgefühl zu stärken.

5.3.2 Die Rolle des Lehrers

Innerhalb der Fachliteratur wird auch die Rolle des Lehrers bezüglich des Lernverhaltens des hochbegabten Kindes betont. So wird z.B. in WEBB et al. (1998, S. 50 ff) eine Studie von TORRANCE erwähnt, in der hochbegabte Kinder über das Verhalten ihrer Lehrer befragt wurden. Dabei stellten sich zentrale Aspekte heraus, die an dem Lehrerverhalten als positiv von den Schülern erlebt wurden. Ein Aspekt war, dass der Lehrer die Schüler zur aktiven Forschung ermutigt. Er weckt die Neugierde des Kindes, indem er selbst Hypothesen aufstellt und tadelt nicht bei Misserfolgen. Ein weiterer wichtiger Punkt war, dass sich die Schüler in ihrer Persönlichkeit akzeptiert fühlten. Von ihnen wurde nicht verlangt, ihren Wissensdrang zu unterdrücken und sich dem Durchschnitt anzupassen.

Auch in anderen Publikationen zu diesem Thema wird die zentrale Rolle des Lehrers als Lernmotivator herausgestellt (z. B. FEGER, 1988, S. 148). Die Begeisterung eines Lehrers für ein Thema lässt sich schnell auf seine Schüler übertragen. Auch kann ein positives Lehrer-Schüler-Verhältnis allein das Kind schon zum Lernen motivieren. Hier spielt wieder die intrinsische Motivation eine Rolle. So wie ein Kind den Lehrer und die Schule zum Feind erklären kann, so kann es in beiden auch einen Freund sehen. Als intrinsische Motivation wird der Schüler dann auch positiv den Dingen gegenüber eingestellt sein, die mit der Schule verbunden werden, wie Hausaufgaben oder Lernen.

M. E. kommt das beschriebene Lehrerverhalten der Lernmotivation aller Schüler zu Gute und ist nicht nur ein Phänomen bei hochbegabten Kindern. Ein Lehrer, der Begeisterung für sein Fach wecken kann und die Persönlichkeit seiner Schüler respektiert, wird in jedem Schüler die Lust am Lernen wecken und die Schule positiv erscheinen lassen. Möglichkeiten der Unterrichtsbereicherung im Hinblick zur individuellen Förderung des hochbegabten Kindes wurden bereits beschrieben. Wie sieht es jedoch mit dem Lehrer-Schüler-Verhältnis bei der besonderen Situation eines hochbegabten Kindes aus?

Hierzu erscheinen Studien von HORSTKEMPER (1995) aufschlussreich, die sich mit dem Lehrer-Schüler-Verhältnis beschäftigen. In diesen Studien findet keine besondere Berücksichtigung hochbegabter Schüler statt. Nachdem aber bereits dargelegt wurde, welche Wirkung das Lehrerverhalten auf Schüler hat, kann in den Studien gesehen werden, welches Schülerverhalten vom Lehrer bevorzugt wird. Anschließend kann dann das Verhalten des Schülers unter Berücksichtigung des Hochbegabungsaspektes genauer erläutert werden. So kann dargelegt werden, wie das Verhalten hochbegabter Kinder das Lehrer-Schüler-Verhältnis beeinflussen kann.

In den Studien von HORSTKEMPER (1995) wird das vom Lehrer gewünschte Schülerverhalten beschrieben. So würden Schüler beim Lehrer in höherem Ansehen stehen, wenn sie ihn als Autoritätsperson respektieren. Dabei sei nicht unbedingt unterwürfiges Verhalten verlangt. Ein Lehrer schätze es jedoch nicht, wenn von ihm aufgestellte Regeln hinterfragt würden oder Aufgaben auf einem anderen Lösungsweg bewältigt werden, als auf dem von ihm vorgegebenen.

Des Weiteren schätze ein Lehrer den stetig und still arbeitenden Schüler. Schüler, die selbst Vorschläge zur Gestaltung des Unterrichts lieferten oder unkonventionelle Lernmethoden bevorzugten, würden dagegen von der Mehrheit der Lehrer weniger geschätzt werden.

Insgesamt fällt das Urteil der Studie dahingehend aus, dass ein Lehrer angepasstes Schülerverhalten bevorzugt. Der ruhige, aber fleißige Schüler hat nach HORST-KEMPER im Durchschnitt mit besseren Noten zu rechnen, als ein Schüler, mit gleichem Potential, aber auffälligerer Persönlichkeit.

Verdeutlichen wir uns nun noch einmal die Merkmale, die in der Fachliteratur über die Persönlichkeit hochbegabter Kinder beschrieben werden. Wie bereits gesehen wurde, zeichnet sich ein hochbegabtes Kind durch Neugierde und Wissensdrang aus. Von daher wird es schon lebhafter wirken als seine Mitschüler. Auch wurde die große Energie des hochbegabten Kindes erwähnt, die so manche Eltern schon eine Hyperaktivität befürchten ließen.

WEBB et al. (1998, S. 39 ff) nennen außerdem eine Vorliebe für das Hinterfragen von Normen und Traditionen. Hochbegabte Kinder würden eine Regel oder Norm nicht einfach unreflektiert umsetzen. Ihr Handeln müsse für sie selbst einen Sinn ergeben.

Die Mehrheit der Fachliteratur beschreibt auch das divergente Denken (z.B. WIECZERKOWSKI, 1989; WEBB et al., 1998). So würden sich hochbegabte Kinder ungern an den vorgegebenen Lösungsweg halten, sondern zeichneten sich durch unkonventionelles Problemlösen aus. Ihr Kreativität bestimme auch den Schulalltag. Dieses Verhalten steht im Gegensatz zu dem von Lehrern bevorzugten Schülerverhalten nach HORSTKEMPERS Studien. Ein hochbegabtes Kind kann in der Regel nicht als stiller Schüler beschrieben werden. Sein Wissensdrang wird es immer zu Zwischenfragen verleiten.

Noch auffälligeres Verhalten wird das hochbegabte Kind zeigen, wenn es sich im Unterricht langweilt. Nach FEGER (1988, S. 147 ff) übernehmen hochbegabte Kinder gerne die Rolle des Klassenclowns. Dies geschieht zum einen aus der Langeweile heraus, zum anderen kann es aber auch als Frustreaktion gewertet werden, wenn sich das hochbegabte Kind ständig in seinen Fähigkeiten zurücknehmen muss.

Wenn ein hochbegabtes Kind gerne Normen hinterfragt, so wird es sich auch nicht als unproblematischer Schüler auszeichnen, wenn es um Regeln in der Klasse geht. Ein Lehrer wird sich dann wohl auf Diskussionen mit seinem Schüler einstellen müssen.

Durch das divergente Denken wird ein hochbegabter Schüler wohl nicht unbedingt den vorgegebenen Lösungsweg wählen. Nicht nur durch seine Kreativität, sondern auch aus der Unterforderung heraus, wird das hochbegabte Kind gerne komplexere Lösungswege beschreiten oder alternative Lösungsansätze suchen. Nach FEGER (1988, S. 147 ff) sieht ein Lehrer selten die Genialität, die hinter dem neuen Lösungsweg steckt. Vielmehr bescheinige er einem Kind die Unfähigkeit, nach Vorgaben Aufgaben zu lösen.

Nicht zuletzt durch das divergente Denken, sondern auch durch seine gesamten Persönlichkeitsmerkmale müsste das hochbegabte Kind beim Lehrer, nach den Studien HORSTKEMPERS, weniger in der Gunst stehen. Dies würde sich dann auch auf seine Noten auswirken. Und in der Tat gibt es Studien von TERMAN, die belegen, dass ein hoher IQ nicht auch unbedingt durch gute Noten belohnt wird (siehe EWERS, 1978, S.6). So wurde z.B. bei der Lehrernominierung in der TREMAN-Studie ein Großteil der hochbegabten Kinder übersehen, während fleißige und ruhige Schüler vom Lehrer als hochbegabt nominiert wurden, obwohl ihr IQ-Wert nicht als hochbegabt bewertet werden konnte.

Das Lehrer-Schüler-Verhältnis kann also bei hochbegabten Schülern nach diesen Ausführungen als problematisch gesehen werden.

5.4 Zusammenfassung

Die frühe Förderung von Potentialien ist für die Entwicklung desselben besonders wichtig. So konnte anhand fachwissenschaftlicher Fallstudien gesehen werden, dass Versäumnisse in der Förderung innerhalb der frühen Kindheit zu einem späteren Zeitpunkt nicht mehr aufgeholt werden konnten. Kinder, deren Sprachfähigkeiten innerhalb der ersten drei Lebensjahre nicht gefördert wurden, erlangten niemals eine vollständige Sprachkompetenz. Des Gleichen kann nach BLOOM auch in der Entwicklung der Intelligenz festgestellt werden. Insofern erhalten die Eltern, aber auch die Kindertagesstätten und Grundschulen eine wichtige Rolle innerhalb der intellektuellen Förderung.

Zum Erziehungsauftrag der Kindertagesstätten konnte aufgezeigt werden, dass die Eltern eine Förderung im intellektuellen und emotionalen Bereich ihrer Kinder wünschen. Dies gilt auch für die Eltern hochbegabter Kinder, die sich von den Kindertagesstätten eine Unterstützung und Entlastung erhoffen.

Als besonderer Gesichtspunkt bei der Betreuung hochbegabter Kinder konnte festgestellt werden, dass hochbegabte Kinder nicht mit der Norm verglichen werden sollten. Hochbegabte Kinder sind entwicklungspsychologisch weiter vorangeschritten, als ihre Altersgenossen und zeigen daher auch andere Interessen. Es ist wichtig, dass Erzieher von normativen Vorgaben absehen und den individuellen Entwicklungsplan des Kindes berücksichtigen.

Ein wichtiger Aspekt innerhalb der Erziehung hochbegabter Kind ist das Phänomen der Asynchronie. Diese entsteht dann, wenn die Bedürfnisse des hochbegabten Kindes nicht im Einklang mit der Umwelt oder seiner eigenen Entwicklung stehen. Asynchronien erzeugen im Kind ein hohes Maß an Frustrationen, die zu einem negativen Selbstbild führen und damit auch in Aggressionen oder Depressionen niederschlagen. Das Wissen um dieses Phänomen ist für die Erzieher wichtig, um bestimmte Verhaltensauffälligkeiten besser einzuschätzen.

Diese Aspekte sollten zwar in der Erziehung hochbegabter Kinder berücksichtigt werden, sie sollten jedoch nicht dazu führen, dass ein hochbegabtes Kind eine Sonderstellung innerhalb der Gruppe erhält. Für hochbegabte Kinder haben die selben Regeln zu gelten, wie für die anderen Kinder auch. Das Ziel in der Kindertagesstätte sollte Integration heißen und nicht Seperation. Ein hochbegabtes Kind ist in erster Linie ein Kind mit einer individuellen Persönlichkeit, wie alle anderen Kinder auch. Jedes Kind sollte das Recht haben, seinen eigenen Interessen und Bedürfnissen gerecht zu werden. Es muss aber auch lernen, innerhalb einer Gemeinschaft zu leben. Die Erziehung hochbegabter Kinder muss sich daher nach den Regeln richten, die ein friedliches Zusammenleben in der Gemeinschaft garantieren. Dies bedeutet jedoch nicht ein kollektives Normverhalten. Eine demokratische Gemeinschaft wird dann ihren Mitgliedern gerecht, wenn die Individualität des Einzelnen zur Geltung kommen darf. Und deshalb sollten auch hochbegabte Kinder in der Kindertagesstätte innerhalb gemeinschaftlicher Regeln die Möglichkeit erhalten ihren Interessen nachzugehen und ihrem individuellen Entwicklungsplan zu folgen.

Die Grundschule sieht in ihren Leitlinien des Kultusministeriums (1984) das Vermitteln von Wissen und die Freude am Lernen vor. Diese Leitlinien gelten für alle schulpflichtigen Kinder, also auch für hochbegabte Kinder. Wie dargelegt wurde, benötigen jedoch hochbegabte Kinder differenziertere Angebote, damit die Grundschule ihrem Auftrag gerecht werden kann.

Die am häufigsten praktizierten Formen in deutschen Grundschulen sind das Überspringen (Akzeleration) und die Unterrichtsbereicherung (Enrichement). Dabei ist vor allem das Überspringen mit Vorurteilen belastet, wie in HEINBOKEL (1996) zu sehen war. Gleichzeitig konnten diese Vorurteile innerhalb Studien widerlegt werden.

Die Fachliteratur (z.B. FEGER, 1988 oder MÖNKS / YPENBURG, 1998) empfiehlt ein nicht zu aggressives Vorgehen der Eltern gegen die Grundschule, da sich die Spannungen immer zu Ungunsten des Kindes auswirken würden. Die Grundschule wiederum sollte ihre eigenen Vorurteile bezüglich der Akzeleration noch einmal überdenken und überlegen, welche Situation für das hochbegabte Kind besser zu bewältigen ist. Eine ständige Unterforderung in der Klasse führt zu großer Frustration bis hin zum Phänomen des Underachievement. Das hochbegabte Kind versagt dann in seinen Leistungen, obwohl sein Potential mehr erwarten ließe.

Bei MÖNKS / YPENBURG (1998) konnten die Persönlichkeitsmerkmale hochbegabter Leistungsversager gesehen werden, die meist auf ein negatives Selbstkonzept zurückzuführen sind. Wenn ein hochbegabtes Kind keine echte Anforderung in der Klasse erfährt, dann kann es auch niemals seine eigene Kapazität einschätzen und erlebt so eine lückenhafte Selbstwahrnehmung.

WEBB et al. (1998) sprechen im Zusammenhang mit dem Underachievement auch von der intrinsischen Motivation, nach der ein Kind aus seiner Einstellung zu einer Sache handelt. Erlebt das hochbegabte Kind seine Schule negativ, so wird alles, was mit der Schule zu tun hat negativ erscheinen und sich auf das Verhalten des Kindes auswirken.

In Bezug zum Enrichement konnte gesehen werden, dass es mehr auf die Qualität des Zusatzangebotes ankommt, als auf die Quantität. Zusatzangebote sollten nicht nur Beschäftigungsmaßnahmen sein. Vielmehr sollten sie dem hochbegabten Kind die intellektuelle Anforderung ermöglichen, die ihm im Unterricht in der Regel fehlt. Dabei ist Akzeleration und Enrichement nicht als zwei verschiedene Alternativen zu sehen. Auch wenn ein Kind eine Klassenstufe übersprungen hat, kann es in der neuen Klasse immer noch durch Zusatzangebote gefördert werden. Wichtig ist, das Potential des Kindes zu erweitern und seine Lernmotivation zu wecken.

Im Zusammenhang zur Lernmotivation steht auch das Schüler-Lehrer-Verhältnis. Ein ermutigender und positiv eingestellter Lehrer fördert auch die Lernbereitschaft innerhalb seiner Klasse. Dies gilt jedoch für alle Kinder. Unter Berücksichtigung des Hochbegabungsaspektes waren Studien von HORSTKEMPER (1995) interessant, in denen dargestellt wurde, dass Lehrer fleißige aber eher zurückhaltende Schüler bevorzugen. Daraufhin konnte jedoch gesehen werden, dass hochbegabte Kinder weniger dem Idealbild eines Lehrers vom Schüler entsprechen. Diese Studien erscheinen deshalb nicht unwichtig, weil sie vielleicht dem Lehrer selbst Aufschluss über sein eigenes Verhalten und seine Einstellung bezüglich seiner Schüler geben können.

Bei der Förderung hochbegabter Kinder in der Grundschule gilt, wie auch in den Kindertagesstätten, die Distanzierung von Normvorstellungen und kollektiver Anpassung. Will die Grundschule ihrem Bildungsauftrag gerecht werden, so muss sie jedes Kind in seinen Stärken und Schwächen auffangen. Dies gilt in Bezug der Überforderung lernbeeinträchtigter Kinder, als auch bei der Unterforderung hochbegabter

Kinder. Jedem Kind sollte die Möglichkeit gegeben werden, im Rahmen seines individuellen Leistungspotentials, neues Wissen zu erlangen.

6. Hochbegabte Kinder und die Gesellschaft

Bevor die Bildungspolitik der Bundesrepublik bezüglich der Hochbegabtenförderung genauer untersucht wird, erscheint es sinnvoll, die vorrangigen gesellschaftlichen Meinungen zum Phänomen Hochbegabung aufzuzeigen. Denn die Politik eines demokratischen Landes richtet sich in der Regel nach den Meinungen ihrer Wählerschaft.

Politiker sind selbst Mitglieder einer Gesellschaft. Auch sie werden von den gängigen Einstellungen ihres Umfeldes schon von Kindheit an geprägt. Die gesellschaftliche Meinung fließt daher auch immer in die politische Arbeit mit ein. So wird z.B. in jedem Wahlkampf die Arbeitslosenquote thematisiert. Eine geregelte Arbeit ist wichtig sowohl für die gesamte gesellschaftliche Infrastruktur, als auch für das einzelne gesellschaftliche Mitglied, das seinen Lebensunterhalt verdienen muss. In der gesellschaftlichen Meinung spielt also die Erwerbstätigkeit eine wichtige Rolle. Den Politikern ist der gesellschaftliche Stellenwert dieses Themas bewusst. Sie bauen daher ihre Wahlkampagne darauf auf.

Andererseits können sich auch manchmal Gesellschaft und Politik gegenseitig beeinflussen. Dieses Phänomen konnte oft in der Ausländerpolitik beobachtet werden. Die politische Thematisierung schärferer Asylverfahrensgesetze ließ die Gesellschaft teilweise eine Haltung gegen neue Asylbewerber einnehmen. So wurde der Aspekt des Ausländeranteils in Deutschland in den Vordergrund gestellt. Wohingegen die politische Thematisierung integrativer Projekte die Gesellschaft für eine ausländerfreundliche Politik, und somit für eine ausländerfreundliche Haltung, sensibilisiert hätte. Statistiken des prozentualen Ausländeranteils in Deutschland wären dann wohl in den Hintergrund gerückt.

So kann also auch bei dem Hochbegabungsaspekt nicht nur allein die Bildungspolitik untersucht werden. Eine politische Haltung darf niemals ohne ihre Wählerschaft gesehen werden, da sich beide Aspekte in besonderem Maße beeinflussen.

6.1 Gesellschaftliche Vorurteile gegenüber Hochbegabung

Eines der vorherrschenden gesellschaftlichen Argumente in Bezug auf Hochbegabtenförderung ist, dass hochbegabte Kinder keine spezielle Förderung benötigten, da sie durch ihr Potential bereits begünstigt seien. Diese gesellschaftliche Position wird am häufigsten in der Fachliteratur erwähnt (z.b. in FEGER, 1998, S. 23).

Dabei fällt es einer Gesellschaft, in der Regel, leichter, Probleme zu erkennen und zu kompensieren, die mit körperlichen oder intellektuellen Defiziten einhergehen. Bereits vor dem zweiten Weltkrieg und danach wieder verstärkt seit den letzten dreißig Jahren wurde in Deutschland einiges zur gesellschaftlichen Integration behinderter Menschen getan. Wenn auch dieses Gebiet noch einige Verbesserungen benötigt, so konnte doch eine zunehmende gesellschaftliche Sensibilität bezüglich der Probleme behinderter Menschen gesehen werden.

So wurden behinderte Menschen nicht nur als mündige Bürger der Gesellschaft anerkannt, sondern sie erhielten auch staatliche Hilfen. Nicht zuletzt wurde behinderten Kindern bildungspolitisch die Möglichkeit gegeben, mit nichtbehinderten Kindern gemeinsam die Schule zu besuchen. Der Schulalltag wurde durch alternative Angebote bereichert, um eine individuellere Förderung zu gewährleisten.

Die aktive Unterstützung schwächerer Mitglieder einer Gesellschaft ist nach KASCHADE (1993, S. 28) auf das Phänomen der Wohlstandsgesellschaft zurückzuführen. Wenn innerhalb einer Gesellschaft soweit Wohlstand herrschen würde, dass die Mehrheit ihrer Mitglieder ohne größere Einbußungen leben kann, so würde auch Raum zur karitativen Unterstützungen geschaffen. Diese karitativen Unterstützungen richten sich dann an die Menschen, die weniger haben, als der Durchschnitt der Bevölkerung. Dies kann z.B. die Gesellschaftsschicht innerhalb sozialer Brennpunkte sein, die weniger an finanziellen Mitteln besitzt. Es können aber auch beeinträchtige Menschen sein, die weniger körperliche oder geistige Fähigkeiten besitzen.

Nun kann bei hochbegabten Menschen jedoch nicht von einem „weniger", sondern muss von einem „mehr" gesprochen werden. Hochbegabte besitzen mehr intellektuelles Potential, als der Durchschnitt. Sie besitzen mehr kreative Fähigkeiten oder spezifisches Talent. Durch dieses „mehr" wirken sie auf den ersten Blick weniger hilfsbedürftig, da hier keine Defizite oder Einschränkungen zu erkennen sind. Im Gegenteil scheinen Hochbegabte sogar in einer besseren Position dazustehen, als der

Rest der Gesellschaft. Sie wurden, nach Meinung vieler gesellschaftlicher Mitglieder, vom Schicksal begünstigt und mit besonderen Fähigkeiten ausgestattet.

Die bereits erwähnten Probleme, die entstehen können, wenn Hochbegabte durch gesellschaftliche Begebenheiten gezwungen werden, ihr Potential zurückzuhalten, sind auf den ersten Blick für die Mehrheit nicht zu erkennen oder nachzuvollziehen. Es scheint mühsamer mit der Mehrheit mitzuhalten, wenn man mit Defiziten ausgestattet ist. Dagegen scheint ein hochbegabtes Kind als jemand zu wirken, der sich entspannt zurücklehnen kann und wartet, bis der Rest der Klasse folgt.

Bei diesem Argument wird jedoch die Häufigkeit des Wartens auf den Rest der Klasse nicht berücksichtigt. Es ist keinesfalls so, dass ein hochbegabtes Kind sich ab und an eine Pause gönnen kann, bis die anderen Kinder folgen. Ein hochbegabtes Kind lebt in der ständigen Situation der Anpassung an den Kindergarten- oder Klassendurchschnitt. Dabei erhält es keine wirkliche Herausforderung. Es erlebt nur ständige Langeweile und Unterforderung, bis zur Frustration.

Das oben angeführte „mehr" als der Durchschnitt darf nicht immer mit einem „begünstigt" gleichgesetzt werden. Es zweifelt in der heutigen Zeit niemand daran, dass es in der materiell besser gestellten Gesellschaftsschicht auch Probleme zu bewältigen gibt. So mancher ist vielleicht sogar froh darüber, nicht als prominent zu gelten, sondern eher dem Durchschnitt anzugehören, weil mit Ruhm und Reichtum auch bekannte Probleme einhergehen können.

Das Hervorheben vom Durchschnitt wird also keinesfalls auf jedem Gebiet unreflektiert als besser bewertet. Daher darf auch Hochbegabung nicht unreflektiert ohne ihre Chancen und Probleme gesehen werden.

Ein weiteres oft erwähntes Argument gegen die Förderung Hochbegabter ist die Chancengleichheit (z.B. FEGER, 1988, S.20 ff). Weniger begabte Kinder sollen gefördert werden, damit sie dem Durchschnitt angeglichen werden. Dagegen müssen hochbegabte Kinder ihr Potential zurückhalten, um auch ihrerseits dem Durchschnitt näher zu kommen. Chancengleichheit würde in diesem Fall lebenslang durchschnittliche Bedingungen für alle Mitglieder der Gesellschaft bedeuten. Denn mit Chancengleichheit ist hier lediglich eine Angleichung gemeint und wird nicht dahingehend verstanden, dass jeder Mensch die Chance besitzt, nach seinen Bedürfnissen und Fähigkeiten zu leben.

Die Förderung hochbegabter Kinder darf außerdem auch nicht als Ersatz zur Sonderpädagogik gesehen werden. Vielmehr bedeutet sie eine Ergänzung zum Bildungssystem. Die Förderung besonders Begabter darf und wird eine Förderung Benachteiligter nicht ausschließen. Individuelle Förderkonzepte können für alle Schüler hilfreich sein. Selbstständiges Arbeiten während der Freiarbeit fördert das Lernverhalten jedes Schülers. Und zusätzliche Angebote für überdurchschnittlich begabte und schnell lernende Schüler bedeutet nicht, dass individuelle Förderangebote für lernschwächere Schülern verwehrt bleiben. Nach KRAUS (1998, S. 85) würden auch Bildungsgelder zur Förderung hochbegabter Schüler den weniger begabten nicht vorenthalten. Schon mit weniger als einem Promille eines öffentlichen Bildungsetats könnten Erfolge in der Hochbegabtenförderung erzielt werden.

Mit dem Argument der Chancengleichheit gehen des Weiteren auch Einwände gegen eine Elitebildung oder gegen eine positiv/negativ Auslese einher. Der Gedanke der Elitebildung wird dabei leider häufig mit faschistischem Gedankengut gleichgesetzt (FEGER, 1998, S. 23). Hier spielt die Idee des (arischen) Übermenschen eine wichtige Rolle. Hochbegabtenförderung darf jedoch nicht gleichgesetzt werden mit der „Züchtung" einer privilegierten Menschengruppe. Sie sollte vielmehr als eine weitere Förderungsmaßnahme gesehen werden, um etwaigen Problemen entgegenzuwirken. Es wurde bereits angeführt, welche Probleme für das hochbegabte Kind entstehen können, wenn seinen Bedürfnissen nicht entsprochen wird. Das Kind lebt dann in ständiger Frustration, die in Depression oder Aggression übergehen kann, bis zu deliquentem Verhalten..

Hochbegabtenförderung sollte aber nicht erst da ansetzen, wo bereits Verhaltensauffälligkeiten zu erkennen sind. Ein Sozialstaat, wie die Bundesrepublik, leistet in der Regel Präventionsarbeit und setzt nicht erst bei akuten Problemen an. Präventionsarbeit hat sich im Laufe der sozialpädagogischen Arbeit am effektivsten und kostenfreundlichsten etabliert. Unter diesem Gesichtspunkt wäre die frühe Förderung hochbegabter Kinder, bevor akute Probleme entstehen, zu befürworten.

Mit der positiv/negativ Auslese gehen Werteinschätzungen einher. Die Widersacher der Hochbegabtenförderung setzen selbst hohes Potential mit positiv und weniger hohes Potential mit negativ gleich. Es liegt jedoch niemals im Sinne der Hochbegabtenförderung Kinder mit hohem Potential als bessere Menschen darzustellen. Der Wert eines Menschen darf nicht an seinen intellektuellen Fähigkeiten gemessen werden. Eine demokratische Gesellschaft lebt von der Individualität ihrer Mitglieder. Jede Gemeinschaft benötigt intellektuell begabte und handwerklich begabte Menschen, um zu bestehen und sich weiterzuentwickeln. Keine dieser Fähigkeiten darf daher als geringer gelten, als die andere. Genauso muss es aber auch jedem Mitglied dieser Gemeinschaft erlaubt sein, seine individuellen Fähigkeiten innerhalb seine Interessengebietes zu entwickeln. Die Kultivierung eines Potentials bedeutet keine Auslese. Denn jede Fähigkeit kann für eine Gemeinschaft nützlich sein und sollte daher unbedingt gefördert werden.

Hochbegabtenförderung kann somit nicht als das Gegenteil von Chancengleichheit gesehen werden. Wenn sich Individuen einer Gesellschaft am Durchschnitt orientieren müssen und verschiedene Fähigkeiten Wertschätzungen unterliegen, so wird diese Gesellschaft ihrer Demokratie nicht gerecht. Chancengleichheit darf nicht die Vereitelung von Chancen bedeuten, damit eine Gesellschaft auf einem Level gehalten wird.

6.2 Gesellschaftliche Vorurteile gegenüber den Eltern hochbegabter Kinder

In HEINBOKEL (1996, S. 7) wird eine Studie von GROSS aus dem Jahre 1993 über die gesellschaftlichen Vorurteile gegenüber Eltern von hochbegabten Kindern erwähnt. Nach GROSS würden den Eltern hochbegabter Kinder am häufigsten vorgeworfen, sie seien überehrgeizig und würden ihren Kindern einem zu hohen Leistungsdruck aussetzen. Diese Postulierungen mussten sich, nach GROSS, 13 von 15 Eltern hochbegabter Kinder anhören.

Dieser Meinung liegt wohl die Auffassung zu Grunde, dass Potential im entscheidenden Maße von den Randbedingungen beeinflusst wird. Wie in vorangegangenen Kapiteln bereits dargestellt wurde, sind Randbedingungen wichtig, damit sich Potential entfalten kann. Dennoch muss aber auch ein gewisses Maß an Potential bereits vorhanden sein. Die Fähigkeiten eines Menschen können durch gute Rahmenbedingungen ausgeweitet werden. Es wird jedoch nicht jeder Mensch durch eine optimale Umgebung gleich zum Genie.

Überehrgeizige Eltern, die ihre Kinder einem Leistungsdruck aussetzen, können im gewissen Maße auch gute Leistungen erwarten. Diese Kinder zeigen dann eine besondere Begabung innerhalb verschiedener Gebiete oder zeichnen sich durch ein sehr gutes Allgemeinwissen aus. Diese Kinder können jedoch von hochbegabten Kindern unterschieden werden. Wie bereits gesehen wurde, sind hochbegabte Kinder nicht nur gut funktionierende Roboter. Zu ihren Persönlichkeitsmerkmalen gehören vielfältigere Eigenschaften als das Erbringen guter Leistungen. Hochbegabte Kinder zeigen einen großen Wissensdurst, sind voller Motivation, wenn sie ein Thema interessiert und können sich leidenschaftlich in eine Aufgabe vertiefen.

Hochbegabten Kindern kann ihre Wissbegierde und ihr Tatendrang nicht einfach „angezüchtet" werden, wie des öfteren in öffentlichen Meinungen zu hören ist. Diese Kinder zeigen von ihren Charakterzügen her bereits Merkmale, durch die sie von selbst ihr Wissen und ihre Fähigkeiten erweitern. So meint auch HEINBOKEL, „dass nicht die Eltern ihr hochbegabtes Kind, sondern dass diese Kinder die Eltern fordern" (1996, S. 7). Damit meint HEINBOKEL die große Energie und Neugier der hochbegabten Kinder, durch die ihre Eltern immer neue Fragen beantworten müssen, die bisweilen ihren eigenen Wissensbereich überschreiten.

Die Eltern fühlen sich jedoch dem öffentlichen Druck ausgesetzt, wie in verschiedenen Elterngesprächskreisen der DGhK zu hören war. Auch fürchten sie in der Öffentlichkeit als arrogant dazustehen, wenn sie von ihrem Kind behaupten, dass es hochbegabt sei. Diese Eltern wollen jedoch in den seltensten Fällen mit ihrem Kind prahlen, sondern fühlen sich in ihrer Situation eher unbehaglich. Hochbegabung bedeutet in unserer Gesellschaft eine Abweichung von der Norm. Insofern erleben Eltern hochbegabter Kind die gleichen abwehrenden Haltungen der Gesellschaft wie die Eltern von Kindern, die aus anderen Gründen von der Norm abweichen, z.B. durch Behinderung oder Verhaltensstörung. Und so versuchen auch häufig die Eltern hochbegabter Kinder nicht von der Norm hervorzustechen und das Kind so unauffällig wie möglich zu halten.

Aus Erfahrungen durch die Elterngesprächskreise der DGhK leben die Eltern häufig unter der ständigen Anspannung, den Bedürfnissen ihres Kindes gerecht zu werden und dabei dennoch in der Gesellschaft so wenig wie möglich von der Norm abzuweichen, um als gesellschaftlich „normal" zu gelten.

6.3 Weshalb sollte eine Gesellschaft Hochbegabungen fördern?

Wie bereits mehrfach gesehen wurde, bedeutet Hochbegabung eine Abweichung von der Norm. Aus geschichtlichen Erfahrungen konnte immer wieder gesehen werden, dass normative Abweichungen zugleich als bedrohlich von der Menschheit empfunden wurde. Die Postulierung „bedrohlich" passe nach HEINBOKEL (1996) auch auf das Phänomen Hochbegabung zu. Dabei würden jedoch gewisse Leistungen nur innerhalb gewisser Altersabschnitte als bedrohlich gelten. So wirkt ein Kind, dass mit vier Jahren ein Buch flüssig vorlesen kann, als bedrohlich. Würde dasselbe Kind dieses Buch mit acht Jahren vorlesen, so würde es wohl als begabt im Lesen gelten, was durchaus positiv bewertet würde.

Normabweichungen würden nach HEINBOKEL (ebd.) jedoch nicht nur innerhalb verschiedener Altersabschnitte eines Kindes variieren, sondern veränderten sich auch innerhalb der Jahre und Jahrzehnte. Eine frühe Einschulung gelte heute als normabweichend. Hingegen sei in den 60er Jahren des letzten Jahrhunderts in der Regel früher eingeschult worden. Die gesellschaftlichen Bedingungen, die ein (hochbegabtes) Kind antrifft, sind von der Zeitepoche abhängig.

URBAN (1982) sieht ein Paradoxum in der Einstellung der Gesellschaft zur Hochbegabung. Jede Gesellschaft schätze den Profit von hochbegabten Leistungen. Den Entdeckungen Einsteins wird z.B. meist große Achtung entgegengebracht. Dagegen würde jedoch der hochbegabte Mensch an sich mit Argwohn betrachtet werden. Hierzu ist vielleicht auch zu erwähnen, dass die meisten Menschen bei Albert Einstein das Foto vor Augen haben, auf dem er mit etwas zerzausten weißen Haaren und mit ausgestreckter Zunge zu sehen ist. Es gibt sicherlich auch eine Reihe seriöser Fotos von Einstein. In Erinnerung bleibt jedoch meist dieses eine Foto, auf dem er durch sein Aussehen und Verhalten am ehesten von der Norm abweicht. Dieses Bild wird der gesellschaftlichen Vorstellung des exzentrischen Genies gerecht.

Aus dieser paradoxen Einstellung folgt, dass die Leistungen Hochbegabter als qualitativ wertvoll gesehen werden, eine Gesellschaft jedoch nur ungern in die Förderung Hochbegabter investiert. Dabei bestehe nach URBAN (1990, S. 16 ff) eine Verpflichtung der Gesellschaft gegenüber hochbegabten Menschen, wie auch die Hochbegabung selbst eine Verpflichtung gegenüber der Gesellschaft habe. Wie gesehen wurde, ist die Begabung von ihren Rahmenbedingungen abhängig. So steht die Begabung in interaktiver Beziehung zur Gesellschaft. URBAN (ebd.) betont die Entwicklung des Kindes auf Kosten der Umwelt. Die beste Entfaltung des Potentials bestehe dann, wenn die Gesellschaft einen fördernden Einfluss habe. Die Gesellschaft wiederum profitiere von den Leistungen hochbegabter Erwachsener, die sie als Kinder gefördert hat. Besonders in einem rohstoffarmen Land, wie Deutschland, ist die Gesellschaft auf menschliches Potential angewiesen, um sicher und zuversichtlich in die Zukunft blicken zu können.

Hochbegabte können zukunftsweisende Gebiete innerhalb der Medizin oder der Weltraumforschung bereichern und haben dies auch bereits getan. In den USA wurde man sich der gesellschaftlichen Wichtigkeit Hochbegabter bereits in den 50er Jahren des letzten Jahrhunderts bewusst, als nach dem Sputnikschock die politisch vorherrschende Stellung der Weltmacht USA in Gefahr geriet. In dem Konkurrenzdenken der USA mit der damaligen UdSSR wurde sich die amerikanische Gesellschaft der Äquivalenz zu ihren hochbegabten Mitgliedern bewusst. Eine Gesellschaft, die in das Potential ihrer hochbegabten Mitglieder investiert, kann auch wiederum von deren Leistungen profitieren. Will Deutschland seine Position in der Weltmachtstellung behalten oder ausbauen, wird es immer auf die Ideen und Leistungen seiner Bevölkerung angewiesen sein. Die Förderung hochbegabter Kinder sollte in Deutschland keinesfalls aus Wohltätigkeit geschehen, sondern ist als eine Investition in die Zukunft des Landes zu sehen.

6.4 Zusammenfassung

Gesellschaftlich ist das Phänomen Hochbegabung und seine Förderung noch immer mit starken Vorurteilen belastet. Die Notwendigkeit einer gezielten Förderung wird kaum wahrgenommen, da hochbegabte Menschen nicht dem gängigen Bild einer hilfsbedürftigen Gruppe entsprechen. Oberflächlich erscheinen Hochbegabte sogar als vom Schicksal begünstigt, da sie in vielen ihrer Fähigkeiten dem Durchschnitt voraus sind. Die Wohltätigkeit einer Gesellschaft richtet sich jedoch an Mitglieder, die mit ihren Fähigkeiten unter dem Durchschnitt liegen. Es mangelt gesellschaftlich meist an der Sensibilität für die Probleme hochbegabter Menschen. Hier wird u.U. über ein Phänomen geurteilt, obwohl ausreichende Kenntnisse nicht vorhanden sind, um die gesamte Problematik zu überschauen.

Als ein Kritikpunkt gegen eine Hochbegabtenförderung wird die fehlende Chancengleichheit genannt. Hierzu konnte jedoch aufgezeigt werden, dass mit Chancengleichheit meist die Anpassung an den Durchschnitt gemeint wird. Für das hochbegabte Kind würde diese Art der Chancengleichheit eine Vereitelung seiner Chancen bedeuten.

Im Gegenzug darf Hochbegabtenförderung nicht mit Elitebildung gleichgesetzt werden. Dies ist auch nie im Sinne der Hochbegabtenförderung gewesen. Hochbegabtenförderung bedeutet nicht das Erschaffen einer Elitegruppe. Sie setzt vielmehr da an, wo das hochbegabte Kind individuelle Hilfen benötigt, damit es zu einem zufriedenen Mitglied der Gesellschaft heranwachsen kann.

Aber nicht nur die Hochbegabtenförderung unterliegt gesellschaftlichen Vorurteilen, sondern auch die hochbegabten Menschen, sowie ihre Eltern. Die Eltern werden am häufigsten als überehrgeizig postuliert. Ihnen wird vorgeworfen, mit starkem Leistungsdruck ihre Kinder als Genies zu erziehen. Dagegen konnte aufgezeigt werden, dass die Eltern selbst mit den Fähigkeiten ihrer Kinder hadern. Hochbegabung kann nicht antrainiert werden. Vielmehr zeichnen sich hochbegabte Kinder selbst durch große Wissbegierde aus, die auch die Nerven ihrer Eltern fordert. Viele Eltern fühlen sich oft von den ständigen Fragen ihrer Kinder unter Stress gesetzt.

Auch sind sich die Eltern hochbegabter Kinder dem Argwohn ihres Umfeldes bewusst. Viele versuchen daher, so wenig als möglich von der Norm abzuweichen, um nicht ins gesellschaftliche Abseits zu geraten. Dabei stehen sie oft im Konflikt mit dem Wohl ihres Kindes. Denn eine Anpassung an die Norm bedeutet zugleich auch immer eine Unterdrückung des Potentials ihres Kindes.

Eltern hochbegabter Kinder wollen also keineswegs eine Sonderstellung in der Gesellschaft, sondern leiden vielmehr unter dem öffentlichen Druck. Das Hauptproblem stellt dabei die Abweichung von normativen Vorstellungen dar. Wie HEINBOKEL (1996) jedoch aufzeigen konnte, sind die Normvorstellungen einer Gesellschaft zeitlich gebunden. Noch vor vierzig Jahren wäre eine frühe Einschulung der Norm entsprechend gewesen. Heute gilt die frühe Einschulung eines schnell entwickelten Kindes als Normverstoß und wird heftigst diskutiert.

Insgesamt kann gesagt werden, dass die Gesellschaft in einer paradoxen Beziehung zu ihren hochbegabten Mitgliedern steht. Einerseits achten sie die Leistungen hochbegabter Menschen, andererseits wird jedoch nicht die Notwendigkeit gesehen, bestehendes Potential zu fördern. Hochbegabte Menschen müssen sich meist allein ihren Weg bahnen.

Dabei würde, nach URBAN (1982), die Gesellschaft selbst von einer gezielten Hochbegabtenförderung profitieren. Besonders Deutschland sollte als rohstoffarmes Land nicht auf bestehendes Potential in seiner Bevölkerung verzichten. Genau dies ist jedoch der Fall, wenn hochbegabte Kinder keinen Nährboden zur Entfaltung finden. Hochbegabungen zu fördern, bedeutet eine Investition in die gesellschaftliche Zukunft, weil sich die späteren Leistungen hochbegabter Menschen positiv auf das Land auswirken. Dies wurde teilweise in den USA oder Japan erkannt, die als Länder innerhalb spezifischer Bereiche auf dem Weltmarkt führend sind.

Wenn also eine Gesellschaft Hochbegabung fördert, so muss dies nicht allein aus Wohltätigkeit geschehen. Eine Gesellschaft ist eigentlich auf das Potential angewiesen, dass ihre Mitglieder zu bieten haben. Jede Investition in die Hochbegabtenförderung kann zugleich als gesellschaftlicher Profit gesehen werden.

7. Hochbegabte Kinder in Bildungseinrichtungen der Bundesrepublik

Im vorangegangenen Kapitel wurde der fachwissenschaftliche Anspruch dargelegt. Es konnte gezeigt werden, dass Fördermaßnahmen zur geistigen und seelischen Entwicklung eines Kindes wichtig sind. Das Ausbleiben von speziellen Fördermaßnahmen kann hochbegabte Kinder seelisch frustrieren und demotivieren. Es wirkt sich aber auch nachteilig auf die Entfaltung von vorhandenem Potential aus, wenn Kinder ihre Fähigkeiten nicht entfalten können.

Dieses Kapitel soll nun die bildungspolitische Wirklichkeit darstellen. Dabei sollen zuerst die aktuellen pädagogischen Konzepte der Kindertagesstätten und Grundschulen auf ihre Eignung zur individuellen Förderung hin untersucht werden. Hierzu dient das „Kindertagesstättengesetz Rheinland-Pfalz" und die „Leitlinien für die Arbeit in der Grundschule".

Nach den allgemeinen Fördermaßnahmen soll untersucht werden, ob Fördermaßnahmen speziell für hochbegabte Kinder in bundesdeutschen Bildungseinrichtungen praktiziert werden oder bildungspolitisch in Arbeit sind. Zu diesem Zweck wurde für diese Arbeit eine Studie durchgeführt, die das aktuelle Meinungsbild der Pädagogen zur derzeitigen Situation hochbegabter Kinder in Kindertagesstätten und Grundschulen erfassen soll. Im Hinblick auf die Ergebnisse dieser Studien soll dann eine Stellungnahme des Ministeriums für Bildung, Wissenschaft und Weiterbildung Rheinland-Pfalz untersucht werden.

Zuletzt soll dargelegt werden, wie Hochbegabtenförderung im Ausland praktiziert wird. Dazu werden Platzierungen aus internationalen Schülerwettbewerben herangezogen, um zu sehen, ob die einzelnen Platzierungen der Schüler von der jeweiligen Bildungspolitik des Landes bestimmt werden.

7.1 Allgemeine Bestimmungen

Bevor spezielle Fördermaßnahmen für hochbegabte Kinder dargelegt werden, soll zunächst gezeigt werden, inwiefern die allgemeinen bildungspolitischen Bestimmungen dazu geeignet sind, individuelles Potential zu erkennen und zu fördern. Ein bildungspolitisches Umfeld, dass den eigenen Entwicklungsplan des Kindes berücksichtigt, die Lernmotivation der Kinder fördert und Raum für besondere Fähigkeiten zulässt, bietet eine gute Basis zur Entfaltung von Potentialen. Hier besteht ein geringerer Bedarf besonderer Fördermaßnahmen, da hochbegabte Kinder schon innerhalb des regulären Kindergarten- und Schulalltags optimal aufgefangen werden können.

7.1.1 Das Kindertagesstättengesetz in Rheinland-Pfalz

Das erste Kindergartengesetz trat 1970 in Kraft. Zum Kindertagesstättengesetz (KitaG) wurde es 1991 umbenannt, weil von diesem Zeitpunkt an auch Krippen und Horte mit einbezogen wurden. Die bisher letzte Veränderung erhielt das Kindertagesstättengesetz 1996 mit dem Rechtsanspruch eines jeden Kindes auf einen Kindertagesstättenplatz ab dem dritten Lebensjahr (§ 24 StGB). Innerhalb dieser Arbeit wird Stellung bezogen zu der Informationsbroschüre aus dem Jahre 1999 des Ministeriums für Kultur, Jugend, Familie und Bildung bezüglich des Kindertagesstättengesetzes.

Das Kindertagesstättengesetz ist in der Broschüre in fünf Abschnitte unterteilt. Die beiden ersten Abschnitte betreffen den Erziehungsauftrag. Sie werden unterteilt in „allgemeine Bestimmungen", in denen u. a. die Förderung und Grundsätze der Erziehung behandelt werden, und in „Angebote der Tagesbetreuung" wie die Erziehung im Kindergarten oder Modelleinrichtungen. Die weiteren drei Abschnitte betreffen organisatorische Aspekte, wie die Trägerschaft oder die Elternbeiträge.

§1 des KitaG betrifft die Förderung der Erziehung in Kindertagesstätten. Hier wird in Abs. 1 die Aufgabe zur Ergänzung und Unterstützung der familiären Erziehung herausgestellt. Die ergänzenden Angebote sollen zugleich auch die „Entwicklung von Kindern zu eigenverantwortlichen und gemeinschaftsfähigen Menschen" fördern (S. 9). Die Abs. 2 - 4 behandeln den rechtsansprüchliche Bestimmungen, wie den Anspruch jeden Kindes auf einen Kindertagesstättenplatz.

Die Grundsätze der Erziehung werden dann in §2 genannt. Abs. 1 nennt die Förderung der Gesamtentwicklung des Kindes. Die körperliche, geistige und seelische Entwicklung des Kindes und seine Gemeinschaftsfähigkeit sei zu fördern durch gezielte erzieherische Hilfen und Bildungsangebote. Soziale Defizite seien auszugleichen. Dabei habe sich die Tagesbetreuung der Kinder an ihren Bedürfnissen, und denen der Eltern, zu orientieren, wie in Abs. 2 dargelegt wird. Die erzieherischen Probleme und Bedürfnisse des Kindes seien gemeinsam mit den Eltern zu erörtern. Gegebenenfalls sollte auch auf eine Inanspruchnahme von notwendigen Hilfen zurückgegriffen werden. Hier wird als Beispiel sexueller Missbrauch genannt. In § 2,

Abs. 3 wird dann noch mal ausdrücklich auf die Wichtigkeit der frühen Erkennung von Defiziten, wie Entwicklungsrückstände und Behinderungen hingewiesen. Der integrative Aspekt der Kindertageseinrichtung wird betont.

§ 3 KitaG betrifft die rechtliche Lage des Elternausschusses, § 4 die Öffnungszeiten.

Der zweite Abschnitt des KitaG behandelt die Angebote der Tagesbetreuung und umfasst die §§ 5-8. Während § 5, Abs. 1 noch mal den Rechtsanspruch des Kindergartenplatzes betont, behandelt Abs. 2 die Verpflichtung der Erzieherinnen bezüglich pädagogischer Angebote am Vor- und Nachmittag. Bei diesen Angeboten soll den Wünschen der Eltern Rechnung getragen werden. Der Rechtsanspruch eines Kindergartenplatzes in Zusammenhang mit der Jugendhilfe und in besonderen Härtefällen behandeln § 5, Abs. 3-5. Der zweite Abschnitt endet mit den Aspekten der Tagesbetreuung von Schulkinder (§6), der Tagesbetreuung von Kleinkindern (§7) und den Verordnungen für Modelleinrichtungen (§8). Damit endet die Anzahl an Paragraphen, die den direkten Bildungsauftrag der Kindertagesstätten behandeln.

Lassen wir nun die einzelnen Aspekte bezüglich einer individuellen Förderung des kindlichen Potentials noch einmal passieren. §1, Abs. 1 hebt die Förderung der Entwicklung der Kinder zu eigenverantwortlichen und gemeinschaftsfähigen Menschen hervor. Hier wird der soziale Auftrag betont, wenn die Ziele auch allgemein gehalten werden. Gemeinschaftsfähig bedeutet einfach, dass der Mensch in und mit einer Gemeinschaft leben kann. Besondere Persönlichkeitsmerkmale, die für solch ein gemeinschaftliches Leben wichtig sind, oder Erziehungskonzepte werden hierzu nicht genannt. Die allgemeine Aussage hat den Vorteil, dass in den persönlichen Charakter eines Kindes nicht eingegriffen werden muss, solange es sich und der Gemeinschaft nicht schadet. Der Individualität kann somit stärker Rechnung getragen werden. Dies kommt vor allem den Kindern entgegen, die durch ihr Verhalten und ihrer Entwicklung von der Norm abweichen. Da besonders hochbegabte Kinder in ihrer Entwicklung anderen Kindern voraus sind, ist es wichtig, dass sie in einer Umgebung leben, die ihrem individuellen Entwicklungsstandard gerecht wird und ihr Potential gefördert wird. Anderenfalls würde vorhandenes Potential verkümmern.

§1, Abs. 1 betont aber auch die Ergänzung und Unterstützung der Erziehung in der Familie. Dies bedeutet, dass etwaige Probleme des Kindes mit den Eltern geklärt werden müssen, um sie innerhalb der Kindertagesstätte aufzufangen. Unterstützung der Eltern heißt, Ratschläge den Eltern zukommen zu lassen, aber auch, den Erziehungsstil der Eltern zu respektieren. In Bezug der Hochbegabtenproblematik konnte aus den Elterngesprächskreisen der DGhK herausgestellt werden, dass Erzieherinnen oft den Eltern rieten, die Lernbegierde ihres Kindes zu zügeln. Viele Eltern fühlten sich dadurch unter Druck gesetzt. Sie wagten nicht recht, gegen die Ratschläge der Erzieherinnen zu handeln, obwohl sie von den Argumenten der Erzieherinnen nicht überzeugt waren. Hier wurde meines Ermessens nach das Kindertagesstättengesetz von beiden Seiten falsch interpretiert. Ratschläge sollten niemals einen zwingenden Charakter haben. Vielmehr sollten sie neue Alternativen zu einem Problem aufzeigen und dadurch neue Lösungsansätze hervorbringen. Die Ratschläge der Erzieherinnen sollten nützliche Tipps und keine Befehle sein, oder als solche verstanden werden.

Auch innerhalb des KitaG (§ 2, Abs. 2) wird die Zusammenarbeit der Eltern und Erzieher betont. Probleme sollen gemeinsam erörtert werden und sich an den Bedürfnissen des Kindes orientieren. Durch die Betonung einer gemeinsamen Basis wird gänzlich ausgeschlossen, dass Eltern entgegen ihrer eigenen Meinung nach den Ratschlägen der Erzieher handeln sollen.

Die Erziehungsziele werden in § 2 dann konkreter dargelegt. Hier wird in Abs. 1 die Gesamtentwicklung des Kindes aufgegriffen. Unter Gesamtentwicklung wird die körperliche, geistige und seelische Entwicklung des Kindes zusammengefasst. Das Kind wird hier als einheitliches Wesen gesehen. Dies hat den Vorteil, dass kein Entwicklungsaspekt vernachlässigt wird. Dem Kind wird die Möglichkeit gegeben zur körperlichen Ertüchtigung und damit zu einer gesunden Selbstwahrnehmung. Dies wirkt sich auch positiv auf die seelische Entwicklung aus. Ein Kind, dem die Möglichkeit zur Bewegungserfahrung gegeben wird, lernt seinen Körper und seine Fähigkeiten kennen. Es erlebt sich im Gleichgewicht.

Ebenso ist aber auch die geistige Entwicklung des Kindes wichtig. Jedes Kind zeigt Neugierde innerhalb seiner Umwelt und möchte die Geschehnisse in seiner Umgebung verstehen. Für die Aspekte der kindlichen Gesamtentwicklung stehen dem Kind laut KitaG §2, Abs. 1 gezielte erzieherische Hilfen und Bildungsangebote zur Verfügung. Hier wurde wieder eine allgemeine Begriffsbeschreibung benutzt, so dass jedem Erzieher genug Spielraum zu individuellen Förderungsgestaltung bleibt.

§ 2, Abs. 1 kommt den hochbegabten Kindern sehr entgegen. Das Kind wird in seiner Ganzheitlichkeit gesehen. So erhält es die Möglichkeit, sich körperlich zu betätigen und eventuelle Defizite auszugleichen. Zusätzlich steht dem Kind durch die ganzheitliche Sichtweise und die allgemeine Formulierung auch eine Förderung seines geistigen Potentials zu. Dafür kann sogar auf Bildungsangebote zurückgegriffen werden, die nicht genauer bestimmt werden und damit auch keine Einschränkung erfahren. Es wird damit bildungspolitisch nicht festgelegt, welche Fähigkeiten ein Kind im Kindergartenalter noch nicht entwickeln darf. Damit steht von rechtlicher Seite dem Erwerb des Lesens und Schreibens innerhalb der Kindertagesstätten nichts im Wege. Ein hochbegabtes Kind hat durch diesen Paragraphen das Recht, auch in der Kindertagesstätte seinem Wissensdrang nachzugehen. Zumal eine Unterdrückung seines Potentials dem Kind seelisch schaden kann, wie bereits in den vorangegangenen Kapiteln gesehen wurde. In der ganzheitlichen Entwicklung des Kindes wird aber auch der seelische Aspekt mit einbezogen. Durch eine Anpassung des hochbegabten Kindes an den Durchschnitt würde die Kindertagesstätte gegen das KitaG handeln, weil sie in der Gesamtentwicklung des Kindes zwei Aspekte, den geistigen und den seelischen, vernachlässigen würde.

Innerhalb des KitaG werden auch individuelle Bedürfnisse berücksichtigt. So steht in § 2, Abs. 2, die Tagesbetreuung habe sich an den Bedürfnissen der Kinder und Eltern zu orientieren. Auch § 5, Abs. 2 sieht vor, den Wünschen der Eltern nach Angeboten Rechnung zu tragen. Damit haben auch Eltern hochbegabter Kinder die Chance, dass ihren individuellen Wünsche nach besonderen Angeboten nachgekommen wird. Den Kindertagesstätten wird somit auch die Freiheit zu Angeboten gegeben, die nicht zum normativen Angebotsstandard gehören, aber den individuellen Bedürfnissen des Kindes entgegenkommen.

Zusammenfassend kann zum KitaG gesagt werden, dass es genügend Spielraum in den Einrichtungen zulässt, um Kinder innerhalb ihrer speziellen Bedürfnisse aufzufangen. Die allgemeine Aussagenformulierung gibt individuelle Freiheiten. Das diese Freiheiten auch zum Wohl des Kindes eingesetzt werden, ist im KitaG verankert. Damit gibt es bildungspolitisch keinen Grund, hochbegabte Kinder dem Durchschnitt anzugleichen. Den Kindertagesstätten wird rechtlich die Möglichkeit gegeben, dem besonderen Anspruch eines hochbegabten Kindes durch individuelle besonderen Anspruch eines hochbegabten Kindes durch individuelle Förderung gerecht zu werden. Das Argument einer einheitlichen Pädagogik ist damit nicht haltbar. Vielmehr ist es der bildungspolitische Auftrag der Kindertagesstätten, die gesamte Entwicklung des Kindes zu fördern. Dabei sind die körperliche, geistige und seelische Entwicklung eingeschlossen. Der Schwerpunkt wird hier nicht alleine auf den spielerischen Aspekt gesetzt. Das KitaG sieht sehr wohl Bildungsangebote vor. Diese erfahren auch keine gezielte Eingrenzung. Es werden keine Bildungsangebote genannt, die allein für den Schulbereich bestimmt wären. Somit gibt es keine Angebote, die einem hochbegabten Kind vorenthalten werden müssten, weil sie dem Bereich Schule zukommen. Bildungspolitisch ist damit ein Zurückhalten des Entwicklungsvorsprungs eines Kindes nicht haltbar.

Da bildungspolitisch genug Spielraum gegeben ist, um hochbegabte Kinder in den Kindertagesstätten aufzufangen, stellt sich die Frage, weshalb viele Eltern hochbegabter Kinder, nach ihren eigenen Aussagen innerhalb des Elterngesprächskreises der DGhK, die Entwicklung und Förderung ihrer Kinder in Kindertagesstätten eingeschränkt und z.T. sogar als problematisch empfinden. Viele Eltern haben die Befürchtung einer Verkümmerung des Potentials ihres Kindes. Außerdem sehen sie ihr Kind in seiner Persönlichkeitsentwicklung eingeschränkt. Viele hochbegabte Kinder weigern sich sogar, die Kindertagesstätte zu besuchen, weil sie der Kindergartenalltag frustriert. Die häufigste Aussage von den Eltern war dabei, dass die Einrichtung kaum Angebote zur Verfügung hatte, die dem Entwicklungsstand des Kindes gerecht wurden. Die Erzieherinnen sahen sich jedoch nicht in der Lage, andere Angebote zu erbringen, da sie diese dem Schulbereich zuordneten. Dabei konnte doch gerade dargelegt werden, dass es keine gesetzliche Bestimmung gibt, welche Angebote dem Kindertagesstättenbereich oder dem Schulbereich zufallen.

Hierzu kann vielleicht eine Studie von KRENZ etwas Aufschluss geben. KRENZ (1991, S. 34) führte zwischen 1988 und 1989 eine Studie an deutschen Kindertagesstätten durch und befragte die Erzieherinnen bezüglich des genauen Auftrags der Kindertagesstätten. Dabei sei auffällig gewesen, dass den Erzieherinnen die Existenz eines bestimmten Auftrages bewusst gewesen wäre, diesen allerdings nicht genau hätten bestimmen können. KRENZ stellt fünf Aspekte heraus, die am häufigsten als Auftragsziel der Kindertagesstätten genannt worden sind. So fand keine spezifizierte

Nennung des Erziehungs- und Bildungsauftrages statt. Es konnte also nicht genau erörtert werden, an welcher Stelle und innerhalb welchen Umfangs eine gezielte Förderung einzusetzen habe. Damit dürfte auch der ganzheitliche Förderungsaspekt, der im KitaG (§ 2, Abs. 1) verankert ist, allgemein wenig bekannt gewesen sein.

Vielmehr hätten die Kindertagesstätten, nach KRENZ, für sich die Rolle der Zuarbeitung zur Schule gesehen. KRENZ folgert daraus, dass die Kindertagesstätte sich nicht als fachlich elementarpädagogische Einrichtung sieht. Sollte dies der Fall sein, dann wären sich die Einrichtung ihrer wichtigen Rolle nicht bewusst, die sie für die Förderung ihrer Kinder innerhalb eines wichtigen kindlichen Entwicklungsabschnitts haben. Die Mehrheit der Erzieher wissen m. E., dass die Kindergartenzeit sehr prägend in der Entwicklung eines Kindes ist. Dennoch wird der Schule der wichtigere Part zugewiesen, wenn es um die geistige Förderung geht. Die soziale und die intellektuelle Förderung der Kinder wird von Erzieher und Lehrer häufig auf die Institutionen aufgeteilt, wobei der intellektuelle Aspekt den Grundschulen zukommt. Diese Auffassung wird auch durch Aussagen der Erzieherinnen bestätigt, dass Lehrer es nicht gerne sehen würden, wenn Kinder bei der Einschulung bereits Schreibkenntnisse aufweisen. Hier werden verschiedene Fähigkeiten institutionell getrennt, obwohl dies im KitaG nicht ausdrücklich so festgelegt ist.

Insofern wird das Kind in den Kindertagesstätten nicht uneingeschränkt ganzheitlich gefördert. So sei auch als weiteres Auftragsziel der Kindertagesstätten, nach KRENZ, genannt worden, die Kinder auf die Gemeinschaft sozial vorzubereiten und in ihrer Selbständigkeit zu fördern. Nach den Aussagen der Erzieherinnen bestünde die Förderung in der Kindertagesstätte fast ausschließlich aus sozialen Aspekten der kindlichen Entwicklung.

Die gesetzlich verankerte Ganzheitlichkeit wird in den Institutionen nicht folgerichtig umgesetzt. Nach den aufgezeigten Meinungen wird diese Ganzheitlichkeit innerhalb der Institutionen Kindertagesstätte und Grundschule zu Gunsten einer Schwerpunktsetzung aufgeteilt. Das kann nicht nur für hochbegabte Kinder zur Folge haben, dass viele ihrer Fähigkeiten keine angemessene Frühförderung erhalten, obwohl bildungspolitisch keine Einwände zu sehen sind.

Die geringe spezifische Kenntnis der Erzieherinnen über das KitaG, wie KRENZ aufzeigt, sollte nicht als Verallgemeinerung verstanden werden. Es gibt sicherlich genügend Erzieherinnen, die genauere Kenntnisse aufweisen können. Dennoch sind Förderungen in Bereichen, die der schulischen Förderung zugeschrieben werden, wie Lesen und Schreiben, in Regelkindertagesstätten kaum vorzufinden, was die Aussagen aus dem Elterngesprächskreis der DGhK bestätigen. Einigen Aussagen zur Folge waren sich die Erzieherinnen zwar bewusst, dass gegen eine frühe Förderung bildungspolitisch keine Einwände vorliegen. Nach Meinung der Erzieherinnen würde den Kindern mit einer Steigerung der Lernanforderungen jedoch geschadet werden.

Dieser Standpunkt der Erzieherinnen könnte von geringer Fachkenntnis und fehlender Sensibilität bezüglich der Hochbegabtenproblematik zeugen. Da das Thema Hochbegabung in den letzten Jahren in Deutschland wenig zur Kenntnis genommen worden ist, fehlt u.U. das Wissen bezüglich des entwicklungspsychologischen Vorsprungs hochbegabter Kinder und den Förderungsmöglichkeiten. Sollte dies zutreffen, so müsste stärkere Aufklärungsarbeit einzelner Hochbegabtenfördervereine und in der Ausbildung betrieben werden.

Aber auch bildungspolitisch müsste stärker auf die Möglichkeiten der Förderung hochbegabter Kinder hingewiesen werden. Das KitaG lässt zwar genügend Spielraum zur Förderung und betont auch die Anwendung von Bildungsangeboten. In viel stärkerem Maße betont sie jedoch eine Förderung, um Defizite auszugleichen. So wird in § 2, Abs. 1 hingewiesen, Kinder ganzheitlich zu fördern. Kinder, die in ihrem Potential ihren Altersgenossen voraus sind, werden an dieser Stelle nicht besonders erwähnt, dafür wird jedoch auf den Ausgleich von Defiziten hingewiesen. Die gesellschaftliche Sensibilität bezüglich benachteiligter Gruppen wird gefördert. Ein Hinweis zur Sensibilisierung der Hochbegabtenproblematik bleibt jedoch aus.

Innerhalb § 2, wird sogar ein Abschnitt gesondert zur Förderung benachteiligter Kinder vorgesehen (§ 2, Abs. 3). Hier wird ausdrücklich die Aufgabe zur Integration behinderter Kinder herausgestellt. Auch auf die Wichtigkeit der Früherkennung von Entwicklungsrückständen wird betont, um Defizite so früh als möglich zu kompensieren. Natürlich ist es wichtig, dass unsere Gesellschaft benachteiligte Kinder fördert und integriert. Aber auch für hochbegabte Kinder ist eine frühe Erkennung und Förderung ihrer Fähigkeiten wichtig, damit ihr Potential sich entfalten kann. Dies wird jedoch innerhalb des KitaG nicht herausgestellt. Somit erfahren die Einrichtungen nicht die Sensibilisierung für hochbegabte Kinder, wie dies bei benachteiligten Kindern der Fall ist.

Für den Kindertagesstättenbereich gilt also, dass die Hochbegabtenförderung bildungspolitisch nicht eingeschränkt wird. Es fehlt jedoch an der gesellschaftlichen Sensibilität bezüglich des Hochbegabtenthemas, damit die Einrichtungen ihre Fördermöglichkeiten auch wahrnehmen. Die Hochbegabung steht auch bildungspolitisch noch immer im Schatten der Förderung von benachteiligten Gruppen.

7.1.2 Die Leitlinien des Kultusministeriums Rheinland-Pfalz für die Arbeit in der Grundschule

Die Leitlinien des Kultusministeriums Rheinland-Pfalz für die Arbeit in der Grundschule, wie sie heute vorliegen, sind ab dem Schuljahr 1984/85 in Kraft getreten. Nach dem Vorwort von GÖLTER bilden sie die „Grundlage und Sinnmitte der Lehrpläne".

Die Leitlinien sind in fünf Kapitel unterteilt. Das erste Kapitel befasst sich mit dem Auftrag der Grundschule und beschreibt allgemeine Aufgabenziele. Das zweite Kapitel hat zur Überschrift „Grundschule als Lebens- und Lernstätte des Kindes". Hier werden Aspekte des Schulalltags, wie die Unterrichtsgestaltung, Leistungsbeurteilung und Hausaufgaben, behandelt.

Die Kapitel drei und vier behandeln die Rolle des Lehrers, bzw. der Eltern. Den Abschluss bildet in Kapitel fünf die genaue Auflistung der Stundentafel.

Im ersten Kapitel wird gleich zu Beginn betont, dass jedes Kind in seiner personalen Entfaltung und in seiner Individualität zu fördern ist. Des Weiteren soll das Kind auch zur Selbständigkeit geführt werden.

Als ein Lernziel wird die Vermittlung grundlegender Kenntnisse angesehen. Individuelle Fähigkeiten des Kindes sollen kultiviert werden, das Interesse am Lernen gestärkt werden. Eine Orientierung in der Lebenswelt soll vermittelt werden. Innerhalb aller Bereiche soll dabei auf den in der Kindertagesstätte erreichten Entwicklungsstand angeknüpft werden.

Wie ist dieses erste Kapitel nun im Hinblick zur Förderung hochbegabter Schüler zu deuten? Eine individuelle Förderung ist schon mal begrüßenswert. Sie würde bedeuten, dass jedes Kind in seinem Potential gestärkt wird und innerhalb seiner Schwachstellen aufgefangen würde. Dabei soll auch auf den in der Kindertagesstätte erreichten Entwicklungsstand Rücksicht genommen werden. Hochbegabte Kinder müssten daher in ihrem Entwicklungsvorsprung nicht zurückgehalten werden. Der Unterricht würde ihrem entwicklungspsychologischen Stand entgegenkommen.

Die Vermittlung grundlegender Kenntnisse bedürfte einer genaueren Definition. Hier müsste genau dargelegt werden, wie weit sich diese Erkenntnisse bis zum Ende der Grundschulzeit erstrecken sollen und auch dürfen. Bedeutet die Fähigkeit zum Lesen und Schreiben innerhalb des ersten Schuljahres grundlegende Kenntnis, so hätten die meisten hochbegabten Kinder ihr Jahrespensum schon beim Schuleintritt erreicht. Hier wären alternative Unterrichtsangebote notwendig, um keine Langeweile aufkommen zu lassen, aber auch, damit das Interesse am Lernen gewahrt bleibt, wie es die Leitlinien vorsehen. Muss ein Kind bereits Bekanntes über ein ganzes Schuljahr wiederholen, so wird es wohl schnell das Interesse am Lernen verlieren. Außerdem wird sein Potential verkümmern, wenn es nicht angemessen gefördert wird.

Das erste Kapitel der Leitlinien sieht aber auch die Kultivierung von Fähigkeiten vor. Hier wird nicht definiert, welcher Art diese Fähigkeiten sind und welches Niveau vorzuliegen hat. Ein hochbegabtes Kind des ersten Schuljahres, mit mathematischen Fähigkeiten auf dem Niveau eines Drittklässlers, hätte, nach den Leitlinien, durchaus den Anspruch auf die Förderung seiner individuellen Fähigkeiten in der Grundschule.

Die Leitlinien lassen im ersten Kapitel die Möglichkeit einer individuellen Hochbegabtenförderung zu. Gleichzeitig betonen sie auch die Wichtigkeit der Freude am Lernen, die gerade bei Kindern mit einem Entwicklungsvorsprung gefährdet ist. Es wird jedoch noch nicht ausdrücklich auf spezielle Fördermaßnahmen für spezifische Gruppen hingewiesen.

Das zweite Kapitel befasst sich mit speziellen Aspekten zur Unterrichtsgestaltung. Dennoch beginnt es mit einer allgemein gehaltenen Aussage. Die pädagogische Arbeit habe sich an den „individuellen Lernmöglichkeiten und Lernfähigkeiten der

Kinder zu orientieren". Der Vorteil einer individuellen Förderung für hochbegabte, und auch für nicht hochbegabte Kinder, wurde innerhalb dieser Arbeit des öfteren ausführlich beschrieben.

Des Weiteren wird zu Beginn des zweiten Kapitels erwähnt, dass die Kinder zum eigenverantwortlichen und selbständigen Lernen hingeführt werden sollen. Im Vertrauen auf die eigenen Fähigkeiten soll dadurch auch die Selbstakzeptanz der Kinder aufgebaut werden. Hier wird ein Lernmotivationskonzept angesprochen, durch das die Kinder aus intrinsischer Motivation heraus ein Lernverhalten aufbauen. Der positive Verstärker zum Lernen erfolgt nicht mehr nur durch äußere Reize, wie gute Noten oder Lehrerverhalten, sondern Lernverhalten wird verinnerlicht und, bei günstigen Umständen, positiv zum Selbstbewusstsein verarbeitet.

In den vorangegangenen Kapiteln wurde bereits die intrinsische Motivation im Zusammenhang mit der Hochbegabung untersucht. So wiesen hochbegabte Kinder oft hohes Potential auf. Dies schlug sich jedoch nicht auf die schulischen Leistungen nieder. Hier wirkten sich meist verschiedene Aspekte des Schulalltags negativ auf die Motivation des Kindes aus, wie z.B. Langeweile. Ein ständiges Anpassen, an den Klassendurchschnitt verhinderte zugleich den Aufbau eines Lernkonzeptes, da das hochbegabte Kind niemals wirklich bis an seine Grenzen gefordert wurde.

Ein schulisches Konzept zum selbständigen Lernen könnte, in richtiger Weise umgesetzt, das hochbegabte Kind an die Grenzen seines Könnens führen. Dabei würden die anderen Kinder jedoch nicht überfordert werden, da jedes Kind innerhalb seiner eigenen Fähigkeiten agieren könnte. Die individuellen Erfolge der Schüler stärken wiederum das Selbstbewusstsein jedes einzelnen.

Obwohl diese Ansätze im zweiten Kapitel vorteilhaft für die individuelle Förderung der Schüler wären, sind ihnen doch Grenzen gesetzt. Maßgeblich eingeschränkt werden sie durch den Lehrplan. Dieser zeigt genau auf, bis zu welchem Wissensstandard die Schüler in den einzelnen Schuljahren gelangen sollen. Dabei bildet wieder der durchschnittlich begabte Schüler die Richtlinie. Der Lehrplan sieht nicht vor, dass einige Schüler in ihrem Wissensstand maßgeblich den anderen voraus sind. So bleibt es von der Persönlichkeit einzelner Lehrer abhängig, ob sich die Schüler über den Lehrplan hinaus weiterbilden können.

Um jedoch auch individuelle Fähigkeiten über den Lehrplan hinaus zu fördern, sind in den Leitlinien „Neigungsgruppen" vorgesehen. Diese Neigungsgruppen sollen Kinder mit besonderen Fähigkeiten ansprechen. Sie bilden ein Zusatzangebot zum normalen Unterrichtsstoff. Innerhalb dieser Neigungsgruppen sind auch Wettkämpfe vorgesehen. In den Schulen sind die Neigungsgruppen in der Regel als Arbeitsgemeinschaften (AG s) bekannt.

Zusatzangebote zum Unterricht nehmen dem hochbegabten Kind nicht unbedingt die Langeweile während der regulären Schulstunde. Sie bieten jedoch die Möglichkeit, dass spezielle Interessen und Fähigkeiten der Kinder gefördert werden. Voraussetzung sind dabei natürlich Angebote, die sich auf die Interessen der Kinder beziehen. In den Leitlinien werden als Angebote Tanzen, Theater oder Sportangebote genannt. Diese Angebote unterscheiden sich maßgeblich von den Unterrichtsangeboten. Hier findet keine Vertiefung des Unterrichts statt. Die Beispiele innerhalb der Leitlinien sehen keine intellektuellen Angebote vor.

Um die Ganzheitlichkeit der Kinder zu fördern, sind Angebote zur körperlichen Ertüchtigung durchaus positiv zu bewerten. Auch gibt es sicherlich im Tanzen interessierte und begabte Kinder, die aus finanziellen oder organisatorischen Gründen keine Möglichkeit zum Besuch eines Tanzkurses haben. In der Schule würden so ihre Neigungen gefördert werden. Dennoch wäre es begrüßenswert gewesen, wenn auch Zusatzangebote erwähnt worden wären, die den intellektuellen Bereich betreffen, wie Mathematik- oder Schachkurse.

In vorangegangenen Kapiteln wurde bereits erwähnt, dass viele Erzieherinnen mit der Förderung hochbegabter Kinder einen Verlust der Spielzeit verbinden. Auch ein gesellschaftliches Vorurteil gegen die Eltern hochbegabter Kinder war eine strenge Anforderung an die Kinder zu Lasten der Freizeit. Dabei wurde nicht berücksichtigt, dass hochbegabte Kinder die Beschäftigung mit binomischen Formeln als gleich entspannend erleben können, wie das Spielen in der Puppenecke.

Erwachsene verbinden mit der Kindheit ganz bestimmte Tätigkeiten zur Freizeitgestaltung, die meist auf körperlicher Ertüchtigung beruhen. Intellektuelle Angebote werden dagegen meist als Anforderung und nicht als Spiel betrachtet. Dabei wird übersehen, dass auch die als kindgemäß definierten Angebote große Anforderungen an die Kinder stellen. An dieser Stelle seien einmal die an die Kinder stellen. An dieser Stelle seien einmal die Sportangebote an Schulen oder innerhalb Vereine genauer betrachtet. Hier wird zunächst von den Kindern ein regelmäßiges und intensives Training verlangt. Unter einer Stunde verläuft so eine Trainingszeit meistens nie. Dabei werden die Positionen auf dem Spielfeld vergeben. Manche Positionen haben einen angeseheneren Stellenwert, als andere. Dennoch werde die Kinder dieser Bewertung ausgesetzt. Innerhalb der Sportvereine sind auch Wettkämpfe die Regel. Die Kinder müssen ihre Freizeit nicht nur wegen fester Termine opfern, sondern sie werden auch dem Stress ausgesetzt, den ein Wettkampf mit sich bringt. Im Falle einer Niederlage erfahren die Kinder zusätzlich noch das Gefühl der Frustration und des Versagens. Dennoch werden Sportangebote als kindgemäß angesehen.

Natürlich wurden diese Szenen überzogen dargestellt. Dennoch können wir nicht ohne weiteres sagen, dass die als kindgemäß angesehenen Freizeitaktivitäten unserer Kinder durchweg entspannend und erheiternd gestaltet sind. Trotzdem wird in der Regel jedem Kind von seinen Eltern ohne Bedenken erlaubt, einem sportlichen Verein beizutreten. Diese Eltern brauchen auch nicht zu befürchten, dass die Freizeitgestaltung ihres Kindes von ihrem Umfeld negativ gewertet wird.

Betrachten wir nun einmal die gängigen Meinungen zu intellektuellen Freizeitangeboten, wie z.B. Mathematik- oder Computerkurse. Eine Freizeitgestaltung durch einen Mathematikverein wird nicht als kindgemäß bewertet, was sich schon allein aus den Reaktionen der Menschen schließen lässt, die einen Blick auf das Angebot des Kindercolleges der DGhK werfen konnten. Hier wird zuerst eine Vernachlässigung der körperlichen Aktivität befürchtet, wenn das Kind am Schreibtisch Mathematikaufgaben löst oder am Computer sitzt. Hierzu ist zu sagen, dass kaum jemand durch eine sportliche Freizeitgestaltung seines Kindes eine einseitige körperliche Förderung auf Kosten des intellektuellen Potentials befürchtet. Auf einen ausgewogenen Lebensstil des Kindes ist immer zu achten, ganz gleich, welche Freizeitgestaltung das Kind vorzieht.

Weitere Meinungen zu Mathematik- und Computerkursen sind dahingehend, dass ein vielfältiges Interessenspektrum des Kindes verloren gehe. Eine einseitige Beschäftigung mit nur einem Gebiet wird befürchtet. Das Kind zeige keine vielfältigeren Interessen. Hier haben wohl viele das Bild eines eigenbrötlerischen Mathematikgenies oder das eines Computerfreaks vor Augen. Mitunter wird es sicherlich immer mal wieder Menschen geben, die aus Fanatismus zu einem Gebiet alle anderen Interessen verloren haben. Diese Menschen sind unter den Computerliebhabern jedoch ebenso zu finden, wie unter bestimmten Fußballfans. Innerhalb jeder Gruppierung wird es Fanatiker geben. Wenn jedoch Eltern keine schlaflosen Nächte haben, weil das Zimmer ihrer Kinder mit Postern eines Fußballvereins geschmückt ist, so sollten es auch die Eltern nicht haben, deren Kinder stapelweise Computerfachzeitschriften unter dem Bett liegen haben.

Zuletzt konnte oft als Befürchtung gegen Mathematikkurse gehört werden, dass die Kinder überfordert würden und unter Stress gesetzt werden. Hierzu sei noch einmal verdeutlicht, welchem Stress Kinder innerhalb Sportvereine ausgesetzt sein können.

Zu den Freizeitaktivitäten von Kindern kann somit gesagt werden, dass eine Unterscheidung zwischen „kindgemäß" und „nicht kindgemäß" nicht haltbar ist. Jeder Verein stellt Anforderungen und Stresssituationen an seine Mitglieder. Auch wird innerhalb jedes Vereins meist einseitig gefördert, je nach Art des Vereins körperlich oder intellektuell. Jede Freizeitgestaltung bedeutet aber auch Entspannung und Freude für das Kind, wenn sie nach den individuellen Interessenschwerpunkten ausgesucht werden konnte.

Mit diesem allgemeinen Meinungsbild wollen wir nun wieder zum Anfangspunkt zurückkehren, nämlich zu der schulischen Gestaltung von AGs. Innerhalb Gymnasien werden des öfteren Schach- oder Computer-AGs angeboten. Solche AGs, die meist auf intellektuelle Gebiete zielen, sind mir in Grundschulen bisher nicht bekannt. Auch die Beispiele innerhalb der Leitlinien betreffen ausschließlich AGs zur körperlichen Betätigung. Dies wird jetzt vielleicht verständlicher, da gezeigt werden konnte, dass bestimmte Aktivitäten gesellschaftlich als kindgemäß bewertet werden und andere nicht. Dabei werden die Aktivitäten als kindgerecht bewertet, deren Schwerpunkt auf den körperlichen Bereich fällt. Intellektuelle Aktivitäten werden dagegen als überfordernd und nicht kindgerecht bewertet. Somit wird auch in der Grundschule der körperliche Aspekt bei der Gestaltung von AGs betont, da AGs den Kindern Freude machen sollen und sie diese als Ausgleich zum Unterricht erleben sollen.

Hier wird jedoch übersehen, dass nicht jedes Interessengebiet eines Kindes in der körperlichen Ertüchtigung liegt. Viele Kinder weisen Interessen in Gebieten auf, die auf dem geistigen Aspekt beruhen. Im Idealfall haben Kinder sowohl körperliche als auch geistige Interessengebiete. Die Grundschule wird die Ganzheit eines Kindes jedoch nie optimal erfassen, wenn sie einen einseitigen Schwerpunkt setzt.

Ein Beweggrund für die intellektuelle Vernachlässigung in den AGs ist wohl, dass die Kinder geistig bereits während der Unterrichtszeit gefördert werden. Dennoch haben Kinder viele geistige Interessengebiete, die auch im Unterricht nicht zur Geltung kommen. Dies trifft besonders auch auf hochbegabte Kinder zu.

Außer dem fördernden Aspekt sind die schulischen Freizeitangebote aber auch für den sozialen Aspekt wichtig. Durch schulische Freizeitgestaltung lernen sich Lehrer und Schüler aus anderen Klassen auf einer neuen Ebene kennen, als die im normalen Unterricht.

Wie in vorangegangenen Kapiteln gezeigt wurde, erleben hochbegabte Kinder ihren Schulalltag oft als frustrierend. Die Förderung des sozialen Aspektes stellt zwar keine echte Alternative zur Unterrichtsförderung dar. Sie kann jedoch dazu beitragen, dass sich das hochbegabte Kind in der Schule akzeptiert und beliebt fühlt und somit den Frust erträglicher machen. Für alle Kinder können schulische Zusatzangebote eine Förderung ihrer Fähigkeiten und Interessen, als auch ihrer sozialen Kompetenz, bedeuten.

Der Ansatz zur Einrichtung von „Neigungsgruppen", wie er in den Leitlinien gegeben ist, ist damit generell als positiv zu werten. Wichtig ist hier jedoch eine ganzheitliche Schwerpunktsetzung, um den verschiedenen Fähigkeiten und Interessen der Kinder gerecht zu werden. Denn, dass die Grundschule die Verschiedenartigkeit der Kinder auffangen will, wird auch in den Leitlinien erwähnt.

So wird auf S. 8 auf die besondere Herausforderung aufmerksam gemacht, die Kinder aus sozialen Brennpunkten, Kinder ausländischer Familien, sowie lern- und verhaltensgestörte Kinder mit sich bringen. Hier heißt es, dass, auch wenn der Lehrer Probleme nicht immer ohne fremde Hilfe lösen kann, er dennoch jedes einzelne Kind als pädagogische Aufgabe ernst zu nehmen habe. Dieser Satz trifft wohl auch auf die besondere pädagogische Aufgabe zu, die hochbegabte Kinder stellen. Leider werden diese nicht erwähnt. Hier werden wieder einmal nur die Gruppen erwähnt, die gesellschaftlich als benachteiligt gelten, so wie dies auch bereits schon im KitaG der Fall gewesen ist.

Zur Person des Lehrers heißt es weiter, dass er die unterschiedlichen Lernvoraussetzung der Kinder zu berücksichtigen habe und mit differenzierten Unterrichtsangeboten ausgleichen soll. Der Lehrer soll die Lernmotivation des Kindes durch entdeckendes Lernen fördern. Dabei wird immer wieder herausgestellt, dass das Kind zum selbständigen Lernen, Planen und Anwenden geführt werden soll.

Diese Ansätze würden einem hochbegabten Kind entgegen kommen. Sein vorangeschrittener Entwicklungs- und Wissensstand würde aufgefangen. Seine Lernmotivation würde durch das selbständige Arbeiten gefördert werden. Dieser Aspekt der Leitlinien erwartet nicht vom Kind, dass es in seiner Entwicklung und in seinen Lernvoraussetzungen am Durchschnitt angepasst ist. Hier wird sich bemüht, den individuellen Voraussetzungen eines Kindes Rechnung zu tragen. Leider fehlt jedoch auch an dieser Stelle der Hinweis auf die Kinder, die in ihren Fähigkeiten über dem Durchschnitt liegen.

Die Unterrichtsgestaltung und Arbeitsform wird auf S. 14 beschrieben. Hier wird die Gemeinschaft der Klasse betont. Ziel ist eine gemeinsame Erfahrungsgrundlage. Aufgaben sollen mit der gesamten Klasse geplant und bearbeitet werden. Diese Form des gemeinschaftlichen Unterrichts kommt nicht unbedingt einem hochbegabten Kind entgegen, dass meist dem Pensum seiner Klasse voraus ist. Es sollte jedoch auch nicht zu dem Extrem übergegangen werden, dass hochbegabte Kinder prinzipiell nicht an Gruppenarbeiten teilnehmen. Die gemeinsame Arbeit in der Gruppe verhilft manchen Schülern nicht nur zu Einblicken in den Unterrichtsstoff, sondern fördert auch die soziale Kompetenz. Da jeder Mensch innerhalb einer Gemeinschaft lebt, muss er auch lernen, sich mit anderen Menschen zu arrangieren. Soziale Kompetenz ist für alle Kinder gleichermaßen wichtig.

Daher sei an dieser Stelle die Wichtigkeit des Mittelmaßes betont. In vorangegangenen Kapiteln wurde gezeigt, dass ein hochbegabtes Kind seinen Mitschülern im Unterrichtsstoff meist voraus ist und daher individuellere Unterrichtsangebote benötigt. Individuelle Unterrichtsgestaltung sollte jedoch nicht auf Kosten der Gemeinschaft gehen. Es ist auch wichtig, dass Kinder, die in einer Demokratie gehen. Es ist auch wichtig, dass Kinder, die in einer Demokratie aufwachsen, lernen, kooperativ zu arbeiten und sich auszutauschen oder zu unterstützen. Dabei sollte auch das hochbegabte Kind keine Ausnahme bilden oder eine Sonderstellung in der Klasse inne haben. Hochbegabung sollte bedeuten, dass die individuellen Lernvoraussetzungen des Kindes berücksichtigt und sein Potential gefördert wird. Dennoch muss auch ein hochbegabtes Kind lernen, wann es seine eigenen Bedürfnisse zu Gunsten der Klassengemeinschaft zurück stellen muss. Wird ein Kind nicht ständig einer Anpassung unterworfen und hat es ausreichend Gelegenheit, nach seinem Entwicklungsplan zu arbeiten und zu lernen, so wird es auch in der Lage sein, innerhalb einer Gruppe zu kooperieren. Die Gruppenarbeit in der Klasse bedeutet somit einen Erfahrungswert für jedes Kind, solange auch wieder auf individuelle Förderungsangebote zurückgegriffen werden kann.

7.2 Studie zur aktuellen Situation hochbegabter Kinder in Kindertagesstätten und Grundschulen

Im vorangegangenen Kapitel konnte gezeigt werden, dass bildungspolitisch durchaus Spielraum gegeben ist, um individuelles Potential zu fördern. Das KitaG und die Leitlinien der Grundschule betonen differenzierte Förderangebote und die Berücksichtigung individueller Potentialen.

Im KitaG werden keine Einschränkungen gegeben, die differenzierte Fördermaßnahmen betreffen. Es wird sogar betont, dass die pädagogischen Angebote auf die Bedürfnisse der Kinder und Wünsche der Eltern abzustimmen sind (§ 5, Abs. 2).

Altersgemischte Gruppen geben den Kindern die Möglichkeit eines vielfältigen Angebotes. Das Materialangebot umfasst die gesamte Entwicklungsspanne der drei bis sechsjährigen Kinder. Es steht jedoch allen Kinder gleichermaßen zur Verfügung. Dabei können sich die Kinder an Materialien orientieren, die ihrem individuellen Entwicklungsstand gerecht werden.

In der Grundschule erfahren die Kinder teilweise Einschränkungen, was die Möglichkeiten an individuellen Fördermaßnahmen anbelangt. Durch den Lehrplan wird das Voranschreiten und die Vertiefung des Lehrangebotes strenger vorgegeben, als im KitaG. Der Lehrplan sieht die Angleichung des Wissensstands der gesamten Klasse vor. Lernbeeinträchtigte Kinder erfahren hierzu meist einen ergänzenden Unterricht neben der regulären Schulzeit, um dem voranschreitenden Unterricht zu folgen, während schnell lernende Kinder ihr Potential nicht immer vollständig zur Entfaltung bringen können.

Aber auch die Leitlinien der Grundschulen sehen differenzierte Unterrichtsmaßnahmen vor, um unterschiedliche Lernvoraussetzungen der Kinder aufzufangen (S. 8). Den Lehrern wird Spielraum zur individuellen Unterrichtsgestaltung gegeben. Die Unterrichtsstunden werden nicht mehr streng zeitlich getrennt, sondern die Kinder können durch Freiarbeit Unterrichtsstoff nachholen oder ein Thema vertiefen und weiterführen. Die Freiarbeitsstunden ermöglichen den Kindern innerhalb ihres Potentials zu arbeiten. Dabei kann sowohl das eigene Lerntempo, als auch das persönliche Lernverhalten berücksichtigt werden.

Das pädagogische Angebot einer Kindertagesstätte kann natürlich nicht jede individuelle Neigung eines Kindes berücksichtigen. Genauso wenig kann nicht jedes Interessengebiet der Kinder im Grundschulunterricht aufgegriffen werden. Die aufgezeigten Bedingungen müssten aber eine Grundlage bieten, um hochbegabten Kindern differenzierte Förderangebote zu ermöglichen. Wenn bildungspolitisch auch keine besonderen Förderangebote für besonders begabte Kinder genannt werden, so wird den Pädagogen doch Spielraum gegeben, um individuelles Potential zu berücksichtigen.

Dennoch sind viele Eltern hochbegabter Kinder mit der Betreuung und Förderung ihrer Kinder innerhalb Kindertagesstätten und Grundschulen unzufrieden, wie an den Elternabenden der DGhK herauszuhören war. Die Probleme und Erfahrungen der Eltern ähnelten sich im Wesentlichen.

Die Kinder gingen äußerst ungern in den Kindergarten oder die Schule. Dabei würden sie meist über Langeweile klagen. Die Eltern führen dies auf eine fehlende adäquate Förderung zurück. Die Angebote in den Kindertagesstätten würden den individuellen Entwicklungsstand der Kinder nicht berücksichtigen. Die Eltern haben das Gefühl, dass ihre Kinder aus den Materialien schon „herausgewachsen" sind. Die Materialien zogen nicht mehr das Interesse der Kinder auf sich oder forderten sie heraus.

In den Gesprächen mit den Erziehern fühlten sich die Eltern unverstanden. Die Erzieher hätten meist betont, dass Potential der Kinder nicht weiter zu fördern, damit sie in ihrer Entwicklung den Altersgenossen nicht weiter vorauseilen würden. Wünsche der Eltern nach differenzierteren Angeboten seien meist abgewiesen worden. Die Erzieher hätten es für einen pädagogischen Fehler gehalten, dem Wissensdrang der Kinder nachzugehen. Sie befürchteten eine Überforderung.

In den Grundschulen stellte meist der Unterrichtsstoff ein Problem für die Kinder dar. Nach Aussagen der Eltern erleben ihre Kinder den Unterricht als ständige Wiederholung. Die Kinder würden kaum eine wirkliche Herausforderung erhalten. Damit bliebe auch das Erfolgserlebnis aus. Die Kinder leiden unter Frustration.

Viele Eltern leiden wiederum unter dem mangelnden Verständnis der Lehrer. Die Lehrer würden an dem Verhalten des Kindes Anstoß nehmen, anstatt den Grund für dieses Verhalten in ihrem Unterricht zu suchen. Die Problematik würde von den Lehrern nicht erfasst.

7.2.1 Problemformulierung

An dieser Stelle kann nun beobachtet werden, dass die bildungspolitischen Gegebenheiten nicht mit den subjektiven Erfahrungen der Schüler und Eltern übereinstimmen. Obwohl bildungspolitische Möglichkeiten gegeben sind, scheinen hochbegabte Kinder nicht wirklich betreut und gefördert zu werden. Die theoretischen Ansätze scheinen im praktischen Bereich zu scheitern. Dabei stellt sich die Frage, ob innerhalb der Bildungseinrichtungen die Ansätze vorsätzlich nicht umgesetzt werden, oder ob sie nicht optimal genug umgesetzt werden, um Erfolg zu versprechen.

In vorangegangenen Kapiteln wurde bereits aufgezeigt, dass sowohl das KitaG, als auch die Leitlinien der Grundschule nicht ausdrücklich auf die Förderung hochbegabter Kinder aufmerksam machen. Daher stellt sich bei der Umsetzung der theoretischen Vorgaben die Frage, ob hochbegabte Kinder in den praktischen Konzepten der Bildungseinrichtungen überhaupt berücksichtigt werden. Sehen Pädagogen für ihre Arbeit eine besondere Herausforderung bei der Förderung hochbegabter Kinder?

Aber auch wenn die Pädagogen für die Problematik hochbegabter Kinder sensibel sind, bleibt offen, ob sie fachwissenschaftlich sinnvoll handeln. Der gute Wille alleine ist nicht immer ausschlaggebend für eine Verbesserung der Situation. Der Pädagoge muss sich über die Besonderheiten einer Problematik bewusst sein und die Rahmenbedingungen dafür auch zu nutzen wissen. Sind also die Pädagogen auf die Förderung hochbegabter Kinder fachwissenschaftlich vorbereitet?

Während das KitaG und die Leitlinien eine allgemeine Förderung behandeln, gibt es vom Gesetzgeber auch besondere Maßnahmen zur Förderung hochbegabter Kinder, wie das Überspringen. Bei solchen Maßnahmen ist die Einstellung und Kooperation der jeweiligen Bildungseinrichtung von Bedeutung. Die Einrichtung muss einer speziellen Fördermaßnahme nicht nur rechtlich zustimmen. Auch die Einstellung der Pädagogen zu Fördermaßnahmen ist maßgeblich für deren Umsetzung und deren Erfolg. In vorherigen Kapiteln wurde bereits auf die „selbsterfüllenden Prophezeiungen" aufmerksam gemacht. Jede Fördermaßnahme ist von der Kooperation der Bildungseinrichtung abhängig. Wie sehen nun aber die Meinungen und Erfahrungen der Pädagogen gegenüber einschlägigen Fördermaßnahmen aus?

Aus dieser Problemformulierung lassen sich drei Hypothesen ableiten:

1. Wenn trotz bildungspolitischer Verordnungen hochbegabte Kinder in herkömmlichen Bildungseinrichtungen nicht gefördert werden, dann wird die Hochbegabtenproblematik im pädagogischen Konzept der Erzieher und Lehrer nicht berücksichtig.

2. Wenn Erzieher und Lehrer ihre pädagogische Fachausbildung abgeschlossen haben, dann sind sie auf die Arbeit mit hochbegabten Kindern vorbereitet.

3. Wenn gesetzliche Verordnungen zur Förderung hochbegabter Kinder gegeben sind, dann sind diese den Pädagogen bekannt und in herkömmlichen Bildungseinrichtungen durchführbar.

7.2.2 Beschreibung des Untersuchungsrahmens

Bei der folgenden Untersuchung wurde als Messinstrument der Fragebogen benutzt. Befragt wurden Erzieher und Lehrer an Regeleinrichtungen. Die Möglichkeit eines Fragebogens wurde aus verschiedenen Gründen gewählt. Ein direktes Interview ist auch immer ein sozialer Vorgang. Die beteiligten Personen, also der Interviewer und der zu Interviewende stehen in Wechselbeziehung zueinander. Diese Wechselbeziehung kann die Antworten des Befragten unbewusst beeinflussen. So könnte der Befragte dem Interviewer unbewusst gefallen wollen und dahingehend seine Antworten formulieren. Der Fragebogen bietet dagegen mehr Anonymität und erlaubt objektivere Antworten.

Die Beantwortung durch Fragebögen ist für den Befragten mit wenig zeitlichem Druck verbunden. Die Antworten können genauer überlegt werden, als innerhalb der Situation einer direkten mündlichen Befragung.

Innerhalb mancher Fragen waren verschiedene Antwortmöglichkeiten bereits vorgegeben und mussten bei Zutreffendem lediglich angekreuzt werden. So ist der Befragte in seinen Antworten zwar eingeschränkt. Andererseits werden ihm so bestimmte Aspekte noch einmal vergegenwärtigt, die ihm ohne Vorgabe nicht bewusst gewesen wären. Darüber hinaus wurde dem Befragten unter „Sonstiges" die Möglichkeit zur weiteren Ergänzung der Liste gegeben.

Der Fragebogen umfasst drei Seiten (siehe **Anhang 1**). Die ersten Fragen betreffen die Bezeichnung der Einrichtung, zur Differenzierung zwischen Kindertagesstätte und Grundschule. Die ersten beiden Seiten betreffen die gängigen Einstellungen zum Thema Hochbegabung. Es soll gezeigt werden, ob die Pädagogen sensibel für dieses Thema sind und eine spezielle Verantwortung in ihrer Arbeit sehen. Sind die Pädagogen im Bereich der Hochbegabung aktiv? Kennen sie Anlaufstellen oder informieren sie sich durch eigene Studien?

Auch die Früherkennung wird dabei berücksichtigt. Sind Pädagogen für das Thema Hochbegabung sensibel genug und angemessen informiert, um ein hochbegabtes Kind in der Klasse zu erkennen?

Weitere Fragen betreffen einschlägige Fördermaßnahmen. Sind die vom Gesetzgeber genannten Fördermaßnahmen bekannt? Zu den Meinungen gegenüber Fördermaßnahmen ist auch interessant zu erfahren, ob diese Meinungen durch Erfahrungen mit Fördermaßnahmen gebildet worden sind, oder ob die Meinungen zu den Fördermaßnahmen generell positiv oder negativ sind.

Die dritte Seite des Bogens war nur dann auszufüllen, wenn der Pädagoge innerhalb des Befragungszeitraums mit einem hochbegabten Kind gearbeitet hat. Hier sollen die aktuellen Bedingungen und Probleme hochbegabter Kinder in Bildungseinrichtungen erfasst werden. Die dritte Seite stellt daher eher eine Checkliste dar, in dem das Problemverhalten des Kindes untersucht werden soll. Es soll herausgestellt werden, ob das Kind frustriert wirkt, zu aggressivem Verhalten neigt und ob das Schüler-Lehrer-Verhältnis angespannt ist. So kann aufgezeigt werden, ob die Aussagen der Eltern hochbegabter Kinder mit den Beobachtungen der Erzieher/Lehrer übereinstimmen.

Der Zeitraum der Datenerhebung umfasst die Monate April - Juni 2001. Die Fragebögen wurden an fünf Kindertagesstätten und fünf Grundschulen in Rheinland-Pfalz gesendet. Es wurde darauf aufmerksam gemacht, dass die Fragebögen nur von bereits fertig ausgebildeten Pädagogen auszufüllen sind. Jahrespraktikanten oder Referendaranwärter wurden von der Befragung ausgeschlossen. Leider wurde nicht die gesamte Anzahl an Fragebögen ausgefüllt zurückgeschickt, obwohl sie auf die Anzahl der Mitarbeiter abgestimmt waren. Insgesamt beträgt der Kollektivumfang 62 ausgefüllte Fragebögen, obwohl die Einrichtungen insgesamt über 124 Mitarbeiter verfügen. Damit zeigte exakt die Hälfte der zu befragenden Pädagogen Interesse an dem Thema.

7.2.3 Auswertung

Zunächst sollte festgestellt werden, ob überhaupt hochbegabte Kinder als solche innerhalb der Bildungseinrichtungen registriert werden. So kann die Aktualität des Themas aufgezeigt werden. Eine hohe Präsens an hochbegabten Kindern zeigt auch die Dringlichkeit von adäquaten Förderkonzepten. Ferner sollte auch dargelegt werden, ob die Pädagogen bereits praktische Erfahrungen in dem Umgang mit hochbegabten Kindern sammeln konnten.

Die Ergebnisse der ersten Frage lauten wie folgt:

Tabelle 1. : Haben Sie während ihrer Berufstätigkeit schon einmal ein hochbegabtes Kind angetroffen ?

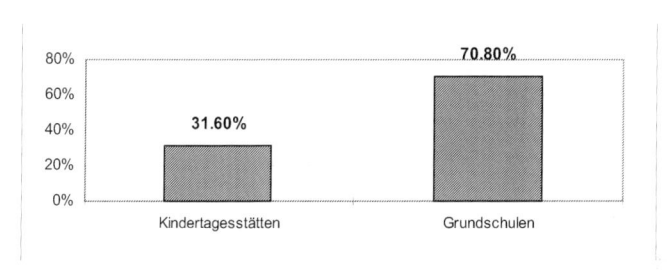

	Kindertagesstätten	Grundschulen
	31.60%	70.80%

(Überblick über die positive Beantwortung der Frage)

Wenn von einem Prozentsatz von ungefähr 2 % an hochbegabten Kindern in der gesamten Bundesrepublik ausgegangen wird, dann kann dieses Ergebnis als positiv bewertet werden. Immerhin haben ein Drittel der Erzieher und rund Zweidrittel aller Lehrer schon einmal mit einem hochbegabten Kind während ihrer Berufstätigkeit gearbeitet. Damit sind hochbegabte Kinder in unseren Bildungseinrichtungen durchaus präsent. Ein Klientel für bildungspolitische Fördermaßnahmen ist also vorhanden.

Hochbegabte Kinder sind in den Grundschulen um rund 33 % häufiger vertreten, als in Kindertagesstätten. Das Potential eines Kindes ist bereits seit seiner Geburt vorhanden (siehe OERTER, 1995). Daher ist zu vermuten, dass die als hochbegabt identifizierten Kinder in den Grundschulen bereits in den Kindertagesstätten über ihr Potential verfügten. Die vorhandene Diskrepanz der Ergebnisse zwischen Kindertagesstätten und Grundschulen ist daher auf den ersten Blick erstaunlich.

Nun wurde aber in den anfänglichen Kapiteln auf die Schwierigkeit einer Früherkennung hochbegabter Kinder aufmerksam gemacht. Es wurden bisher noch keine Diagnoseverfahren entwickelt, die ausreichend Aufschluss über vorhandenes Potential in der frühen Kindheit geben können. Probleme bereiten vor allem die Messung der intellektuellen Fähigkeiten, da sich ein Kind um das dritte Lebensjahr bei Tests und Befragungen nur schwer konzentrieren kann. Außerdem fehlt ihm die sprachliche

Kompetenz, um sich auf sein Gegenüber einzustellen, sowie motorische Fähigkeiten, um bestimmte Testverfahren durchzuführen. Schulkinder sind durch ihre fortgeschrittene Entwicklung auf kognitiver und motorischer Ebene einfacher zu diagnostizieren. Insofern würden die Ergebnisse der Studie das fachwissenschaftliche Problem der Früherkennung widerspiegeln.

Zusätzlich könnten aber auch die schulischen Rahmenbedingungen besser geeignet sein, um bestehendes Potential zur Entfaltung zu bringen oder um zu erkennen. Es konnte innerhalb dieser Arbeit dargelegt werden, dass die Rahmenbedingungen ausschlaggebend zur Entfaltung von Potentialen ist. Wenn nun hochbegabte Kinder in Grundschulen häufiger als solche erkannt werden, als in Kindertagesstätten, so könnten die jeweiligen Rahmenbedingungen daran nicht unbeteiligt sein. Die schulischen Rahmenbedingungen sind sehr auf die intellektuelle Förderung ausgerichtet. Das Potential des Kindes findet Nährboden, um sich zu entfalten. Dagegen sind die Rahmenbedingungen der Kindertagesstätten vermehrt auf den spielerischen Aspekt hin ausgerichtet. Hier könnte von einer Unterforderung in Bezug auf das Potential eines besonders begabten Kindes gesprochen werden. Herausragende intellektuelle Fähigkeiten werden von dem Kind im Umgang mit dem Material der Kindertagesstätten nicht verlangt. So besteht auch kein Anlass, vorhandenes Potential zu mobilisieren und somit erkennbar zu machen. Das hochbegabte Kind fällt in der Kindertagesstätte dann als solches nicht auf.

Wenn nun die Wichtigkeit einer früh einsetzenden Förderung bedacht wird, damit vorhandenes Potential nicht verloren geht, so ist es für die hochbegabten Kinder in der Bundesrepublik nachteilig, wenn die Kindertagesstätten zu wenige Möglichkeiten besitzen, um Fähigkeiten rechtzeitig zu erkennen. In meiner Studie gibt es einen Anteil von rund 40 % an hochbegabten Kindern, denen von einer adäquaten Förderung mindestens drei Jahre verloren gehen, weil in den Kindertagesstätten ihr Potential nicht erkannt worden ist. An dieser Stelle wäre eine Verbesserung der Rahmenbedingungen an Kindertagesstätten in der Bundesrepublik empfehlenswert. So könnten z.B. verschiedene Materialien angeboten werden, die auf dem Niveau der schulischen Materialien liegen. Da in den Kindertagesstätten das Prinzip der freien Wahl der Materialien für jedes Kind gilt, könnten die anderen Kinder nicht überfordert werden. Sie würden wahrscheinlich gar nicht erst dieses Material wählen, sondern die Materialien bevorzugen, die ihrem Entwicklungsstand entsprechen. Materialien, mit erhöhtem Niveau können aber den Kindern zu Gute kommen, die in ihren Fähigkeiten schon weiter vorangeschritten sind. Sie könnten bei der Identifikation von besonderen Fähigkeiten hilfreich sein.

Wurde in der ersten Frage daraufhin untersucht, ob hochbegabte Kinder in unseren Bildungseinrichtungen registriert werden, stellte sich als logische Folge daraus die Frage, wie diese erkannt werden.

Tabelle 1.1: Wie wurde Ihnen die Hochbegabung bekannt gemacht?

Kindertagesstätten

	Eltern	eigene Wahrnehmung	Erzieher	Diagnostiken
	75%	66,70%	16,70%	33,30%

Grundschulen

	Eltern	eigene Wahrnehmung	Lehrer	Diagnostiken
	71,40%	71,40%	14,30%	50%

Die Ergebnisse variieren kaum in den verschiedenen Bildungseinrichtungen. An erster Stelle wurde die Identifikation hochbegabter Kinder durch deren Eltern genannt. Die Eltern sind die ersten Bezugspersonen des Kindes. Sie können daher meist als erste Besonderheiten in der Entwicklung feststellen. Als zweite Bezugspersonen fungieren in den verschiedenen Altersabschnitten meist die Erzieher oder Lehrer. Demzufolge wurden diese auch in dieser Studie an zweiter Stelle genannt. Nachdem bereits von mehreren Bezugspersonen Auffälligkeiten festgestellt worden sind, wird in der Regel fachwissenschaftliche Hilfe aufgesucht. In dieser Thematik sind es Psychologen, die anhand von Tests eine Diagnose erstellen. Andere Erzieher oder Lehrer sind weniger geeignet zur Erkennung von Hochbegabung, da sie zu wenig Zeit mit dem Kind verbringen, um ein gültiges Urteil abgeben zu können.

Die Ergebnisse spiegeln also in ihrer Rangfolge die markanten Stationen wieder, die bei der Erkennung einer Hochbegabung von Bedeutung sind. Diese werden auch in verschiedenen Publikationen genannt (z.B. FEGER, 1988, S. 99 ff). Dabei spielen die Erzieher und Lehrer als Bezugspersonen eine wichtige Rolle in der Erkennung der Hochbegabung. Sie haben immerhin in 66,7 % bzw. 71,4 % an der Diagnose mitgewirkt. In den Grundschulen wurde die Diagnose von Lehrern sogar genauso häufig genannt, wie die Diagnose durch Eltern, die immerhin die ersten und wichtigsten Bezugspersonen für ein Kind darstellen. Damit fällt den Lehrern eine große Verantwortung zu. Eine konsequente Vorbereitung auf die Hochbegabtenproblematik ist damit unerlässlich, wenn sich die Pädagogen ihrer Verantwortung stellen und ihrem Bildungsauftrag gerecht werden wollen.

Die folgenden Fragen betreffen daher Einstellung und Wissen der Pädagogen zum Thema Hochbegabung. Sind sich die Pädagogen ihrer Verantwortung bewusst ? Wichtig ist auch zu sehen, ob sie fachwissenschaftlich auf ihre Aufgabe vorbereitet sind.

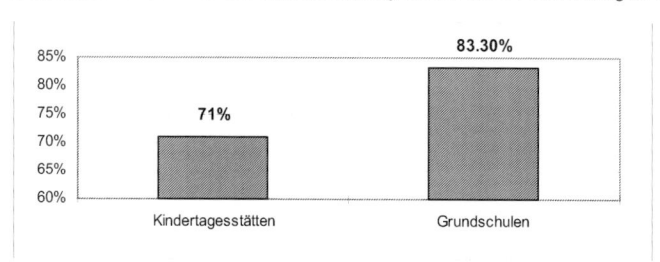

Tabelle 2.: Sehen Sie in der Hochbegabtenförderung eine besondere Verantwortung für Ihre Arbeit ?

	Kindertagesstätten	Grundschulen
	71%	83.30%

(Überblick über die positive Beantwortung der Frage)

Tabelle 2.1: Sehen Sie sich für die Arbeit mit hochbegabten Kindern angemessen informiert ?

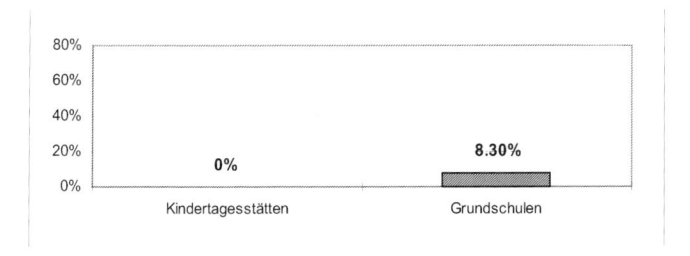

	Kindertagesstätten	Grundschulen
	0%	8.30%

(Überblick über die positive Beantwortung der Frage)

Tabelle 2.2: Woher haben Sie Ihr fachwissenschaftliches Wissen für die Arbeit mit hochbegabten Kindern bezogen ?

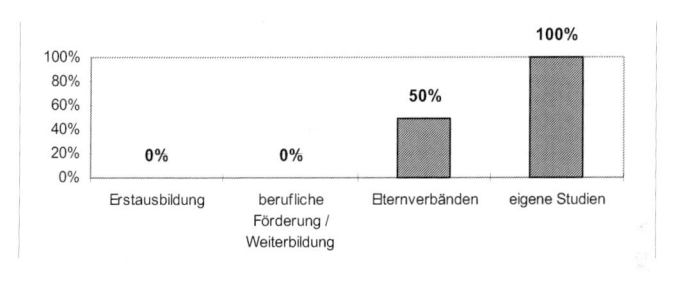

Erstausbildung	berufliche Förderung / Weiterbildung	Elternverbänden	eigene Studien
0%	0%	50%	100%

Tabelle 2.3: Sind Ihnen Anlaufstellen bekannt, um sich zum Thema Hochbegabung zu informieren?

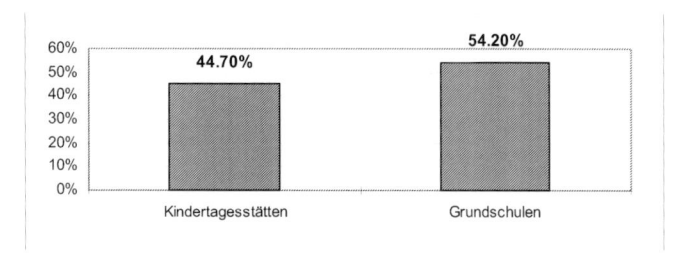

	Kindertagesstätten	Grundschulen
	44.70%	54.20%

(Überblick über die positive Beantwortung der Frage)

Es kann beobachtet werden, dass sich die Mehrheit der Pädagogen durchaus ihrer Aufgabe in Bezug zur Erkennung und Förderung hochbegabter Kinder bewusst sind. Über Zweidrittel aller Befragten sehen eine besondere Verantwortung in ihrer Arbeit mit hochbegabten Kindern. Dabei ist ein Unterschied von 12,3 % zu Gunsten der Grundschulen zu beobachten. Dies mag weniger an Desinteresse der Erzieher liegen, als an einer unterschiedlichen Auffassung des Erziehung- und Bildungsauftrags der einzelnen Institutionen. In dieser Arbeit konnte in **Kapitel 7.1.1** dargelegt werden, dass die Gesellschaft Kindertagesstätten mehrheitlich als Spielanstalten wahrnimmt, während die Schulen als typische Lernanstalten gelten. Auch KRENZ (1995) konnte zeigen, dass sich viele Erzieher selbst ihrer lehrenden Funktion, die über die soziale Förderung hinaus auch die intellektuelle Förderung betrifft, nicht bewusst sind.

Wenn sich nun die Erzieher weniger ihrer Verantwortung in der Arbeit mit hochbegabten Kindern bewusst sind, so kann dies daher rühren, dass sie die Notwendigkeit einer adäquat einsetzenden intellektuellen Förderung erst in der Grundschule sehen. Es konnte in dieser Arbeit jedoch gezeigt werden, dass eine so früh wie möglich einsetzende Förderung wichtig ist. Zumal hochbegabte Kinder ihre Kindergartenzeit vielleicht als weniger frustrierend erleben würden, wenn auch hier schon auf ihre intellektuellen Bedürfnisse eingegangen würde.

Wie kommt es aber, dass so viele hochbegabte Kinder nicht nur in Kindertagesstätten, sondern auch in Grundschulen, so wenige intellektuellen Herausforderungen erhalten und sie die Langeweile plagt? Es konnte anhand der vorangegangenen Fragen gezeigt werden, dass vor allem in den Kindertagesstätten die Rahmenbedingungen wenig zur Förderung des intellektuellen Potentials beitragen. Dadurch sind die Kinder gelangweilt und ihre Fähigkeiten werden nicht kultiviert. Zusätzlich raten viele Erzieher den Eltern sogar davon ab, ihre Kinder weiterhin zu fördern, obwohl die fachwissenschaftliche Literatur das Gegenteil rät (z.B. MÖNKS / YPENBURG, 1996, S. 31)

Auch viele Lehrer fühlen sich nach eigenen Aussagen oft mit der Situation eines hochbegabten Kindes in der Klasse überfordert. Verschiedene Verhaltensweisen wissen sie schlecht einzuschätzen. Noch viel weniger wissen sie die Ursachen für das Verhalten zu lokalisieren, was die Anwendung von pädagogischen Maßnahmen erschwert.

Die Unwissenheit und Überforderung der Eltern und Lehrer wird vielleicht mit einem Blick auf **Tabelle 2.1** verständlicher. Die Pädagogen in der Bundesrepublik fühlen sich auf das Thema Hochbegabung fachwissenschaftlich schlecht vorbereitet. Erschreckend ist der Prozentwert bei den Kindertagesstätten, bei denen sich kein einziger für diese besondere Thematik ausreichend informiert fühlt. Aber auch die 8,3 % in der Grundschule lassen auf keine ausreichende Lehrerausbildung zu diesem Thema schließen.

In Anbetracht dieser Ergebnisse ist es nicht verwunderlich, dass sich viele Eltern mit ihren Problemen in den Bildungseinrichtungen nicht verstanden fühlen, die meisten Pädagogen mit hochbegabten Kindern überfordert sind und die Kinder selbst unter Frustration und Unterforderung leiden. Ohne ausreichende Kenntnisse zu dieser Thematik kann dass Verhalten der Kinder nicht richtig eingeschätzt werden. Ohne ausreichendes Fachwissen, wird ein Erzieher ein Kind als rebellisch oder gar bedrohlich empfinden, wenn es ohne böse Absichten bestehende Regeln hinterfragt. Genauso wird ein Lehrer schnell ein unterfordertes Kind als faul empfinden. Hier fehlt fachwissenschaftliche Kenntnis als gemeinsame Basis.

In **Tabelle 2.2** kann gesehen werden, dass die Pädagogen, die sich für die Arbeit mit hochbegabten Kinder vorbereitet fühlen, ihr Wissen aus eigenen Studien bezogen haben. Eine Vorbereitung während der Ausbildung oder innerhalb beruflicher Weiterbildung wurde nicht genannt. Dieses Ergebnis zeigt deutlich die Notwendigkeit von Verbesserungen innerhalb der Erzieher- und Lehrerausbildung, sowie der Fortbildungsangebote. Wenn rund 32 % bzw. rund 70 % der befragten Pädagogen bereits mit hochbegabten Kindern gearbeitet haben, so muss sich auch die Ausbildung der Pädagogen mit diesem Thema befassen. Im Laufe des letzten Jahrhunderts kamen immer wieder neue Aspekte in der pädagogischen Arbeit hinzu. So lassen sich als Beispiele die Integration ausländischer Kinder oder behinderter Kinder nennen. Auch verschiedene Krankheitsbilder, wie die Legasthenie, werden mittlerweile in der Erstausbildung der Erzieher und Lehrer behandelt. Die Hochbegabtenproblematik sollte nun einen weiteren fachwissenschaftlichen Aspekt darstellen. Denn das Klientel zu dieser Problematik ist nicht mehr zu übersehen.

Immerhin sind 44,7 % bzw. 54,2 % Anlaufstellen bekannt, um sich zum Thema Hochbegabung zu informieren (**Tabelle 2.3**). Dennoch sollten die Pädagogen nicht allein auf sich gestellt bleiben. Eigene Initiative ist wichtig und begrüßenswert. Genauso wichtig ist aber auch eine Vorbereitung vor dem Ernstfall. Durch eine gute Vorbereitung würde die Förderung hochbegabter Kinder für alle Beteiligten nicht nur unkomplizierter verlaufen. Sie würde wohl auch adäquater eingesetzt werden können, weil die Pädagogen die Fördermaßnahmen auf die Kinder individuell abstimmen könnten. Außerdem würden durch pädagogisches Vorwissen zum Thema Hochbegabung vielleicht noch weitere Kinder als solche erkannt werden können.

Nach Fragen zum allgemeinen Wissenstand zum Thema Hochbegabung sollte in den folgenden Fragen der Schwerpunkt auf die Kenntnisse einschlägiger Fördermaßnahmen gesetzt werden. In HEINBOKEL (1996) wurde gezeigt, dass viele Pädagogen Vorurteile gegenüber Fördermaßnahmen für hochbegabte Kinder hatten (siehe **Kapitel 5.3.1** innerhalb dieser Arbeit) Die Fördermaßnahmen wurden als negativ bewertet, obwohl die Befragten selbst noch keine Erfahrungen mit diesen Fördermaßnahmen sammeln konnten. Daher ist es interessant zu erfahren, ob sich diese Aussagen in der vorliegenden Studie wiederholen. Zuerst sollte festgestellt werden, welche Fördermaßnahmen den Pädagogen bekannt sind. Dann sollten die Fördermaßnahmen bewertet werden.

Tabelle 3.: Welche Fördermaßnahmen für hochbegabte Kinder kennen Sie?

Kindertagesstätten

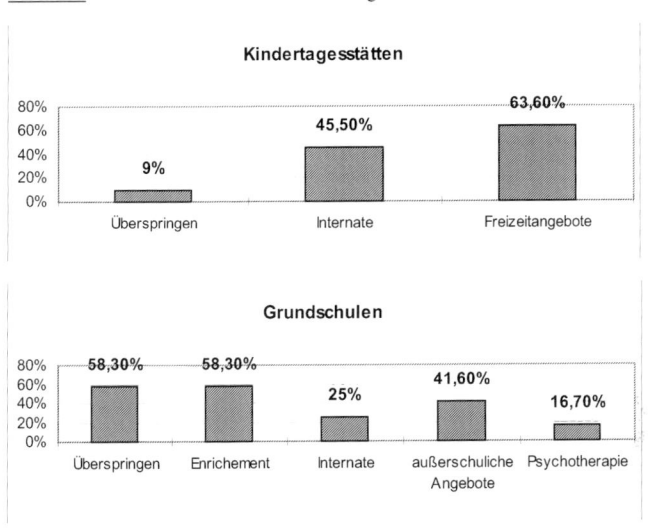

Überspringen	Internate	Freizeitangebote
9%	45,50%	63,60%

Grundschulen

Überspringen	Enrichement	Internate	außerschuliche Angebote	Psychotherapie
58,30%	58,30%	25%	41,60%	16,70%

Tabelle 3.1: Konnten Sie selbst schon Erfahrungen mit diesen Fördermaßnahmen machen?

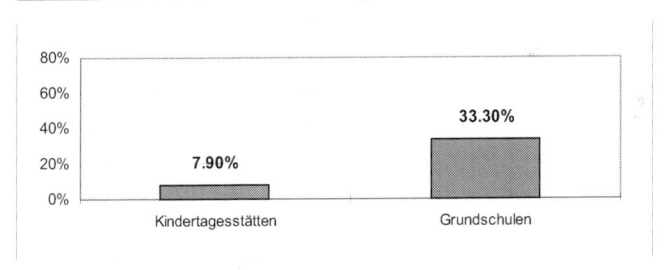

Kindertagesstätten	Grundschulen
7.90%	33.30%

(Überblick über die positive Beantwortung der Frage)

Tabelle 3.2: Wie beurteilen Sie die Steigerung der Lernanforderungen an hochbegabten Kindern gegenüber den Normalanforderungen?

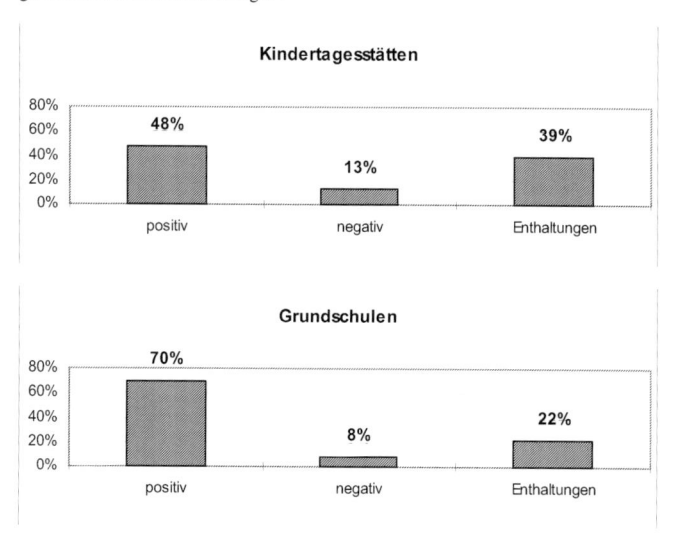

Kindertagesstätten

	positiv	negativ	Enthaltungen
	48%	13%	39%

Grundschulen

	positiv	negativ	Enthaltungen
	70%	8%	22%

Die Kenntnis über einschlägige Fördermaßnahmen differiert stark zwischen den Einrichtungen (siehe **Tabelle 3**). Besonders innerhalb der Kindertagesstätten sind einschlägige Fördermaßnahmen eher unbekannt. Die gesetzlich verankerte Akzeleration nannten lediglich 9 % der Erzieher. Als weitere Fördermaßnahmen wurden Internate für hochbegabte Kinder genannt und einrichtungsexterne Angebote, wie das Kindercollege der DGhK.

Auffällig ist bei diesen Aussagen, dass keine Fördermaßnahme genannt worden ist, die speziell auf den vorschulischen Bereich zutreffen und damit den direkten Arbeitsbereich der befragten Erzieher betreffen. Dies lässt auf eine geringe Kenntnis der Erzieher darüber schließen, wie sie hochbegabte Kinder innerhalb der Rahmenbedingungen ihrer Einrichtungen fördern können. Differenzierungsangebote wurden nicht genannt.

Nach den Ergebnissen dieser Studie kann davon ausgegangen werden, dass in den befragten Kindertagesstätten keine speziellen Förderangebote für hochbegabte Kinder existieren. Dies ist besonders tragisch bei den Einrichtungen, in denen hochbegabte Kinder vorhanden sind. Es kann also davon ausgegangen werden, dass keines dieser Kinder seinen Fähigkeiten entsprechend gefördert wird. Hier liegt es an den Konzepten der Erstausbildung, aber auch an Programmen der beruflichen Weiterbildung, diese Kenntnislücke zu füllen. Sollen hochbegabte Kinder so früh als möglich adäquat gefördert werden und somit einer Unterforderung entgegengewirkt werden, so müssen bereits in den Kindertageseinrichtungen spezielle Fördermaßnahmen bekannt sein.

In den Grundschulen wurden die gesetzlich verankerten Fördermaßnahmen Akzeleration und Enrichement am häufigsten genannt. Über die Hälfte der befragten Lehrer kannte die für den Schulbereich vorgesehenen Maßnahmen. Wenn man jedoch bedenkt, dass diese Förderkonzepte im Schulgesetz verankert sind, dann sollten sie eigentlich allen Lehrpersonen bekannt sein.

Akzeleration und Enrichement sind die einzigen speziell für den Schulbereich vorgesehenen Förderkonzepte, die genannt worden sind. Wie schon in den Kindertagesstätten wurden als weitere Fördermaßnahmen Internate und außerschulische Angebote erwähnt. Diese betreffen jedoch nicht den eigentlichen Arbeitsbereich der Lehrpersonen und sind daher im eigenen beruflichen Alltag nicht anwendbar.

Zuletzt wurde von immerhin 16,7 % als Fördermaßnahme die psychologische Betreuung genannt. Wenn davon abgesehen wird, dass diese Maßnahme nicht in den Arbeitsbereich des Lehrers fällt, stellt sie auch in keinem Fall ein pädagogisches Förderkonzept dar. Psychologische Betreuung setzt dann an, wenn Kinder an starker Frustration, gepaart mit Depressionen, leiden. Auch starke Verhaltensauffälligkeit, die den täglichen Tagesablauf des Kindes beeinflussen, sollten therapiert werden. Eine psychologische Betreuung bietet eine Lebenshilfe. Sie ist kein pädagogisches Konzept zur Förderung besonderer Fähigkeiten. Die Wissbegierde eines Kindes wird innerhalb der psychologischen Betreuung nicht gestillt. Außerdem könnte theoretisch jedes Kind einmal Hilfe innerhalb einer psychologischen Therapie in Anspruch nehmen müssen. Eine psychologische Betreuung ist daher nicht nur auf hochbegabte Kinder prädestiniert.

Allgemein kann zu **Tabelle 3** angemerkt werden, dass keine vielfältige Kenntnis über besondere Förderkonzepte vorhanden ist. Die meisten Konzepte betreffen nicht einmal den Arbeitsbereich der Pädagogen. Hier muss verstärkt bildungspolitische Aufklärungsarbeit geleistet werden, um die Pädagogen über Förderkonzepte zu informieren, die innerhalb ihrer Einrichtungen einsetzbar sind. Zusätzlich wäre aber auch mehr Kreativität der Pädagogen wünschenswert. Keiner der befragten Personen nannte ein Konzept, dass von ihm selbst individuell auf einen hochbegabten Schüler zugeschnitten worden ist. Dies lässt weitgehend auf eine Anpassung der hochbegabten Kinder an den Gruppen- bzw. Klassenverband schließen, ohne dass gezielte Fördermaßnahmen eingesetzt werden.

Die Ergebnisse aus **Tabelle 3.1** wirken besonders im Bereich der Kindertagesstätten überraschend. Keine der unter **Tabelle 3** genannten Fördermöglichkeiten betrafen den direkten Arbeitsbereich der Kindertagesstätten. Dennoch geben immerhin 7,9 % der befragten Erzieher an, bereits Erfahrungen mit Fördermaßnahmen gemacht zu haben. Eine Erklärung für dieses Ergebnis lässt sich nur dann finden, wenn man diese Erfahrungen auf persönlicher Ebene sieht. Vielleicht hat ein Kind der Erzieher oder jemand im Bekanntenkreis eine bestimmte Fördermaßnahme erhalten. Als berufliche Erfahrung lässt sich das Ergebnis jedenfalls nicht einordnen.

Immerhin konnten 33,3 % der Lehrer auf Erfahrungen mit Förderkonzepten zurückblicken. Erfreulich ist dabei, dass 75 % diese Förderkonzepte als positiv einschätzten. In den Kindertagesstätten waren es nur 50 %. Hier decken sich die Ergebnisse teilweise mit denen aus HEINBOKEL (1996). Es konnten nur wenige Förderkonzepte überhaupt genannt werden. Dort, wo die wenigste Erfahrung mit Förderkonzepten vorhanden ist, nämlich innerhalb Kindertagesstätten, fällt das Urteil über diese Förderkonzepte auch negativer aus.

Die dritte Seite des Fragebogens bestand aus einer Checkliste. In Kapitel **5.1** innerhalb dieser Arbeit konnten verschiedenen typische Persönlichkeitsmerkmale hochbegabter Kinder aufgezeigt werden. Diese Merkmale sind oft so prägnant ausgebildet, dass sie den Kindern den Umgang mit den Erziehern und Lehrern erschweren. Die Checkliste innerhalb dieser Studie umfasst fünfzehn dieser Persönlichkeitsmerkmale (siehe **Anhang 1**). Die Erzieher / Lehrer sollte die Aspekte ankreuzen, die auf das hochbegabte Kind ihrer Gruppe / Klasse zutreffen. Anschließend sollten die an dem Kind angewandten Förderkonzepte beschrieben werden.

Die dritte Seite sollte zur Erfassung der aktuellen Situation hochbegabter Kinder an den Bildungseinrichtungen dienen. Hier sollten die Pädagogen weniger hypothetische Fragen beantworten. Die dritte Seite setzt direkt an der aktuellen Situation an und sollte auch nur von den Pädagogen bearbeitet werden, die während des Untersuchungszeitraums mit einem hochbegabten Kind arbeiteten. Neun Erzieher und zwölf Lehrer beantworteten diese Seite. Folgende Ergebnisse wurden dabei erzielt:

Die Checklisten zeigen bei beiden Arten von Einrichtungen ein ausgewogenes Ergebnis. Die Prozentwerte verteilen sich gleichmäßig über alle Aspekte. Keiner der Erzieher äußerte jedoch in den Checklisten, dass das hochbegabte Kind nicht gerne die Kindertagesstätte besucht. Dieser Aspekt wurde dagegen von den Lehrern immerhin sechsmal angegeben. Hier ist also eine Diskrepanz innerhalb der verschiedenen Einrichtungen festzustellen.

Die Weigerung eines hochbegabten Kindes die Kindertagesstätte oder Grundschule aufzusuchen, wird fachwissenschaftlich auf die Langeweile durch Unterforderung zurückgeführt (z.B. MÖNKS / YPENBURG, 1996, S. 58). Demnach müsste in den befragten Einrichtungen innerhalb der Kindertagesstätten eine Vorbeugung der Unterforderung eher gelingen, als innerhalb der Grundschulen. Dies könnte auf die freie Wahl der Materialien und den kindzentrierten pädagogischen Ansatz der Kindertagesstätte zurückzuführen sein, die eine individuellere Förderung erlauben als der Lehrplan und der Frontalunterricht der Schulen.

Beide Einrichtungen beobachteten häufig die Ausschließung des Kindes aus der Klassen- Gruppengemeinschaft. An dieser Stelle sei noch einmal auf die Asynchronie des hochbegabten Kindes mit seinen Mitmenschen hingewiesen. Durch den entwicklungspsychologischen Vorsprung fällt es hochbegabten Kindern häufig schwer, gleichaltrige Freunde zu finden. Innerhalb des Klassenverbandes herrscht jedoch eine Altershomogenität, die es dem hochbegabten Kind erschwert, Freunde mit gleichen Interessengebiet zu finden. Eine Altersheterogenität ist innerhalb der Kindergartengruppen eher gegeben, als im Klassenverband. Hier wird das hochbegabte Kind aber häufig durch seine sprachlichen, motorischen und sozialen Kompetenzen daran gehindert, ältere Freunde zu finden. Daher erscheint es für Erzieher und Lehrer gleichermaßen wichtig, auch den sozialen Aspekt des Kindes zu fördern.

Generell kann anhand der Checklisten ersehen werden, dass die von den Eltern hochbegabter Kinder an den Elternabenden des DGhK herausgestellten Probleme durchaus im Kindergarten- und Schulalltag zu finden sind. Die Integration hochbegabter Kinder in den Bildungseinrichtungen gestalten sich also nicht unproblematisch. Dagegen ist es um so bedauernswerter, dass kaum Fördermaßnahmen genannt worden sind, die das Kind erhalten hat.

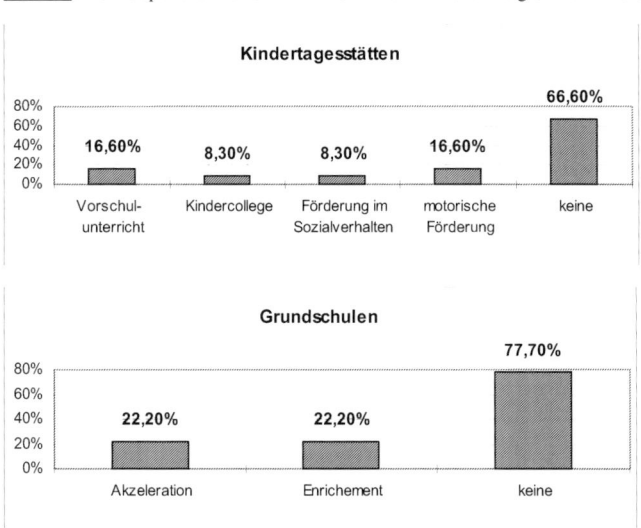

Tabelle 4: Welche speziellen Fördermaßnahmen erhielt das als hochbegabt identifizierte Kind?

Kindertagesstätten

Vorschulunterricht	Kindercollege	Förderung im Sozialverhalten	motorische Förderung	keine
16,60%	8,30%	8,30%	16,60%	66,60%

Grundschulen

Akzeleration	Enrichement	keine
22,20%	22,20%	77,70%

Ein geringer Prozentwert ist bei der vorschulischen Förderung, bzw. beim Akzeleration und Enrichement zu finden. Weitere genannte Fördermaßnahmen betreffen nicht den Arbeitsbereich der Pädagogen. Sie setzen auf die Förderung außerhalb der Einrichtungen. Diese Förderungen können aber nicht die direkten Probleme in den Kindertagesstätten oder Grundschulen lösen. Trotz freizeitlicher Förderangebote bleibt die Unterforderung in den Einrichtungen bestehen.

Die Mehrheit der Erzieher und Lehrer gaben sogar keine Fördermaßnahmen an. Trotz bestehender Probleme wurden demnach keine pädagogischen Konsequenzen angesetzt. Die Kinder bleiben mehr oder weniger ihrem Schicksal überlassen.

Kommen wir nun zu den eingangs aufgestellten Hypothesen zurück. Über ein Drittel der Pädagogen hat bereits mit einem hochbegabten Kinder gearbeitet. Dabei kam den Pädagogen meist sogar eine wichtige Rolle in der Identifikation hochbegabter Kinder zu. Zudem ist sich auch eine deutliche Mehrheit der Pädagogen innerhalb der Bildungseinrichtungen ihrer besonderen Verantwortung bewusst, was die Erkennung und Förderung hochbegabter Kinder anbelangt.

Es konnte aber auch gesehen werden, dass hochbegabte Kinder in diesen Bildungseinrichtungen nur unzulänglich gefördert werden. Obwohl zwölf Erzieher zum Untersuchungszeitpunkt mit hochbegabten Kindern arbeiteten, boten nur zwei Erzieher Fördermaßnahmen im vorschulischen Bereich an. Das hochbegabte Kind durfte trotz Altersunterschied am Vorschulunterricht der älteren Kinder teilnehmen. Es kann daher von einem Überspringen im Kindertagesstättenbereich gesprochen werden. Die anderen zehn Erzieher nannten entweder keine Fördermaßnahmen oder solche, die nicht innerhalb ihres Arbeitsbereichs lagen.

In den Grundschulen arbeiteten neun Lehrer zum Untersuchungszeitraum mit hochbegabten Kindern. Zwei Lehrer nannten als angewandte Fördermaßnahmen das Überspringen und differenzierten Unterricht. Sieben Lehrer wandten keine besonderen Fördermaßnahmen bei den als hochbegabt identifizierten Kinder an.

Nach diesen Ergebnisse kann die erste Hypothese als wahr bezeichnet werden. Obwohl hochbegabte Kinder in den Bildungseinrichtungen registriert sind und politische Verordnungen zur Förderung dieser Kinder existieren, werden diese dennoch nicht im pädagogischen Konzept der Erzieher und Lehrer berücksichtigt. Die Pädagogen sind sich zwar der besonderen Problematik bewusst. Auch nehmen sie die Unterforderung und Frustration ihrer Schützlinge wahr. Es werden in den Bildungseinrichtungen aber keine Konzepte angewandt, um dieser besonderen Problematik entgegenzutreten.

Das Unterlassen von besonderen Fördermaßnahmen ist m.E. auf unzureichende Kenntnis der Pädagogen zum Thema Hochbegabung zurückzuführen. Nicht ein Erzieher fühlte sich über die Hochbegabtenproblematik hinreichend informiert. In den Grundschulen waren es lediglich rund 8 %, die sich auf den Umgang mit hochbegabten Kindern vorbereitet fühlten (**Tabelle 2.1**). Ihr Wissen hatten diese 8 % aber durch eigene Studien bezogen. Keiner der Befragten nannte eine fachwissenschaftliche Vorbereitung durch die Erstausbildung oder berufliche Weiterbildung.

Damit kann die zweite Hypothese als falsch bezeichnet werden. Erzieher und Lehrer sind nach meinen Studien in keinster Weise auf die besondere Arbeit mit hochbegabten Kindern vorbereitet, wenn sie ihre pädagogische Fachausbildung abgeschlossen haben. Hier bedarf es dringend an neuen Konzepten innerhalb der Erzieherschulen und Universitäten, um deutsche Pädagogen auf Besonderheiten innerhalb ihres Berufsalltags vorzubereiten. Nach Aussagen einiger Erzieher und Lehrer fühlten sich diese nicht nur unzureichend auf das Thema Hochbegabung vorbereitet, auch andere Aspekte, wie Hyperaktivität oder spezifische Behinderungen, seien nicht innerhalb ihrer Ausbildung behandelt worden.

Erzieher und Lehrer stehen also vor neuen Herausforderungen in ihrem Berufsalltag, auf die sie nicht vorbereitet worden sind. Diese Unsicherheit wirkt sich dann zum Nachteil der Kinder aus, wenn gezielte pädagogische Maßnahmen ausbleiben. Eine vielschichtigere Vorbereitung innerhalb der Erstausbildung kann den Alltag der Pädagogen und Kinder entspannter gestalten.

Durch die unzureichende berufliche Vorbereitung, sind den Pädagogen auch weitgehend herkömmliche Fördermaßnahmen unbekannt. Wenn Fördermaßnahmen genannt wurden, dann betrafen sie meist nicht direkt den beruflichen Handlungsspielraum der Pädagogen. Das lässt darauf schließen, dass die Pädagogen kaum Möglichkeiten kennen, die sie gezielt zur Förderung ihrer hochbegabten Kinder einsetzen können.

Daher kann auch die dritte Hypothese als falsch bezeichnet werden. Einschlägige Fördermaßnahmen für hochbegabte Kinder sind den Pädagogen kaum bekannt. Demzufolge werden sie auch kaum in den Bildungseinrichtungen umgesetzt. Nicht einmal die Hälfte der hochbegabten Kinder, die zum Untersuchungszeitpunkt die befragten Bildungseinrichtungen besuchten, erhielten gezielte Fördermaßnahmen.

7.3 Zusammenfassung

Zu den Leitlinien für die Arbeit in der Grundschule lässt sich in Bezug zur Hochbegabtenförderung das Gleiche feststellen wie zum KitaG. Beide weisen die Voraussetzungen zu einer angemessenen Förderung auf. Sie betonen differenzierte Angebote, die sich an den Lernvoraussetzungen der einzelnen Kinder richten sollen. Im KitaG wird der Förderung des individuellen Wissenstands des Kindes weniger Grenzen gesetzt, als in den Leitlinien für die Grundschule. Diese werden durch den Lehrplan eingegrenzt.

Wenn eine individuelle Förderung der Kinder betont wird, so wird dies jedoch in beiden Broschüren im Hinblick zur Förderung beeinträchtigter Gruppen gesehen. Besondere Fördermaßnahmen für hochbegabte Kinder werden nicht erwähnt. So betonen die Leitlinien auch auf S. 16 den Anspruch jedes Kindes auf angemessene und individuelle Förderung, die unterschiedliche Fähigkeiten berücksichtigt. Dabei wird anschließend jedoch auf Lernschwächen und Konzepte zur Lernhilfe verwiesen.

Zu beiden Broschüren kann somit gesagt werden, dass sie teilweise positive Bedingungen vorgeben, um hochbegabte Kinder zu fördern. Es wäre jedoch wichtig, neben den Problemen beeinträchtigter Kinder, auch auf die Hochbegabtenproblematik aufmerksam zu machen. Verhaltensauffällige oder lernbeeinträchtigte Kinder konnten mittlerweile durch differenzierte Angebote in der Kindergartengruppe oder in der Schulklasse integriert werden. Erzieher und Lehrer sollten nun vielleicht darauf aufmerksam gemacht werden, dass differenzierte Unterrichtsmaßnahmen auch für hochbegabte Kinder wichtig sind. Denn auch hier sollte Integration, und nicht Seperation, als Ziel gelten.

Angaben der Eltern hochbegabter Kinder aus dem Elterngesprächskreis der DGhK fielen eher negativ aus, was die Förderung ihrer Kinder an bundesdeutschen Bildungseinrichtungen betraf. Und auch die für diese Arbeit durchgeführte Studie zeigte Probleme und Mängel in der Förderung hochbegabter Kinder an den befragten Kindertagesstätten und Grundschulen.

Die Studie lässt auf eine besondere Situation innerhalb der befragten Bildungseinrichtungen schließen. Hochbegabte Kinder werden registriert. Immerhin hatten 31,6 % aller Erzieher und 70,8 % aller Lehrer schon einmal mit einem hochbegabten Kind gearbeitet (**Tabelle 1**). Wenn davon ausgegangen wird, dass in der gesamten Bundesrepublik der Anteil an hochbegabten Kindern bei 2 % vermutet wird (DGhK), dann kann der Prozentwert aus der Studie durchaus positiv bewertet werden. Hochbegabte Kinder werden innerhalb der befragten Bildungseinrichtungen wahrgenommen.

Vor allem die Lehrer spielen eine besondere Rolle innerhalb der Identifikation hochbegabter Kinder. Die Ersterkennung wies durch Lehrer den selben Prozentwert auf, wie bei der Ersterkennung durch die Eltern, die immerhin die ersten Bezugspersonen der Kinder sind. Dabei ist sich der Großteil aller Pädagogen ihrer besonderen Verantwortung im beruflichen Umgang mit hochbegabten Kindern bewusst. Insoweit ist durchaus eine gute Basis vorhanden, um hochbegabte Kinder aufzufangen. Die Pädagogen scheinen der Hochbegabtenproblematik gegenüber aufgeschlossen. Sie helfen bei der Identifikation und sehen die Notwendigkeit einer adäquaten Förderung.

Ein Bruch innerhalb dieser vielversprechenden Basis erfolgt dann aber in der praktischen Umsetzung. Dies beginnt damit, dass sich nur ein geringer Anteil aller Pädagogen auf die Arbeit mit hochbegabten Kinder vorbereitet fühlt. Herkömmliche Fördermaßnahmen sind kaum bekannt. Demzufolge werden auch kaum Förderkonzepte innerhalb der Bildungseinrichtungen umgesetzt. Dabei ist die aktuelle Situation hochbegabter Kinder in den Kindertagesstätten und Grundschulen durchaus angespannt. Die Checklisten zeigten Problemverhalten der Kinder und ein angespanntes Verhältnis zum Erzieher / Lehrer. Obwohl also aus der aktuellen Situation durchaus Bedarf an alternativen Unterrichtskonzepten bestand, wurden diese dennoch nicht eingesetzt.

Hochbegabte Kinder sind also registriert. Die Pädagogen stehen dieser besonderen Situation in der Theorie durchaus aufgeschlossen gegenüber. Adäquates pädagogisches Handeln bleibt in der Praxis jedoch aus. Hochbegabte Kinder werden demnach weiterhin in der Kindergartengruppe bzw. dem Klassenverband angepasst. Die Pädagogen weichen kaum von ihrem täglichen Arbeitskonzept ab. Differenzierte Angebote für die individuellen Fähigkeiten der Kinder bleiben aus. Hochbegabte Kinder werden immer noch an die Norm angepasst.

Zur Verbesserung dieser Situation sollte eine bessere Erstausbildung und verstärktere Weiterbildungen für die Pädagogen vorhanden sein. Die verstärkt genannte Unwissenheit der Pädagogen in Bezug auf hochbegabte Kinder ist ein Grund dafür, weshalb besondere Fördermaßnahmen so selten eingesetzt werden. Die Förderkonzepte sind den meisten Pädagogen nicht bekannt. Auch die gesetzlichen Verordnungen, wie differenzierte Förderangebote oder das Überspringen, sind den Pädagogen nicht geläufig genug, um sie erfolgreich im Berufsalltag umzusetzen.

Darüber hinaus wäre aber auch mehr Kreativität und Eigeninitiative der Erzieher und Lehrer wünschenswert. Alle Checklisten lassen auf Probleme mit den hochbegabten Kinder schließen. Die wenigsten Pädagogen nannten jedoch bestimmte Maßnahmen, die sie zur Beseitigung dieses Problemverhaltens angewandt haben. Zwar wurde aufgezeigt, dass nur die wenigsten Pädagogen spezielle Fördermaßnahmen für hochbegabte Kinder kennen. Es wurden aber auch keine alternativen Lösungsansätze genannt, die vielleicht in Bezug auf hochbegabte Kinder weniger geeignet sind, aber auf den guten Willen der Pädagogen schließen lassen. Stattdessen scheinen die genannten Probleme hingenommen zu werden.

Die Pädagogen schaden dadurch nicht nur der Psyche und intellektuellen Entwicklung des Kindes, sondern sie erschweren sich auch selbst die Arbeit, wenn bestehenden Problemen nicht entgegengewirkt wird. Dabei wird in dem KitaG (§ 2, Abs. 2) und in den Leitlinien der Grundschule (S.6) betont, bei Problemen und Konfliktsituation verstärkt nach Lösungsansätzen zu suchen. Bleiben Vorschläge zur Konfliktbewältigung aus, werden die Einrichtungen ihrem Erziehungs- und Bildungsauftrag nicht gerecht. Mehr Engagement von Seiten der Pädagogen ist daher nicht nur wünschenswert, sondern in Bezug auf die Erfüllung ihres Arbeitsauftrages unerlässlich.

8. Politische Maßnahmen zur speziellen Förderung hochbegabter Kinder in der Bundesrepublik

Nach eingehender Untersuchung des KitaG (**Kapitel 7.1.1**) und der Leitlinien für die Arbeit in der Grundschule (**Kapitel 7.1.2**) konnte gezeigt werden, dass durchaus ein Ansatz zur Förderung spezieller Fähigkeiten in den bundesdeutschen Bildungseinrichtungen besteht. Der individuelle Entwicklungsplan eines Kindes, sowie das Voranschreiten seiner eigenen Fähigkeiten wird jedoch häufig zu Gunsten einer Gruppengleichheit gebremst. So gibt z.b. der Lehrplan den aktuellen Wissensstand der Schüler einer Klasse vor. Außerdem konnte in den Studien des vorangegangenen Kapitels gezeigt werden, dass differenzierte Fördermaßnahmen von Seiten der Erzieher und Lehrer eher die Seltenheit sind.

Insofern erscheinen gesetzliche Bestimmungen zur Förderung hochbegabter Kind wichtig, um diese Kinder in den Bildungseinrichtungen optimal aufzufangen. Zusätzlich können gewisse Bestimmungen als Richtlinien für die pädagogische Arbeit der Erzieher und Lehrer dienen. Die in deutschen Schulen am häufigsten praktizierten Formen der Förderung hochbegabter Kinder sind Enrichement und Akzeleration, wie bereits in vorangegangenen Kapiteln gesehen werden konnte.

Ob ein Kind ein Schuljahr überspringt, entscheidet die Schule. In manchen Fällen wird von der Schule die Maßnahme zur Akzeleration angeregt, weil der Lehrer den Verbleib des Kindes in der alten Klasse mit starken Problemen durch Unterforderung verbunden sieht. In anderen Fällen wird das Überspringen von den Eltern des Kindes beantragt.

Zum Thema des Überspringens scheint es viele Meinungen zu geben. So konnte bereits in **Kapiel 5.3.1** innerhalb dieser Arbeit gezeigt werden, dass von vielen Pädagogen und Psychologen eine Überforderung der Kinder bis zum Lernknick befürchtet wird. Diese Befürchtungen konnten Studien zu diesem Thema nicht bestätigen.

Mitarbeiter der DGhK befürworten das Überspringen. Sie sehen innerhalb dieser Maßnahme die einzige Möglichkeit einer adäquaten Förderung des Potentials und eines Entgegenwirkens der Unterforderung in der momentanen Schulsituation. Eltern können sich bei der DGhK Unterstützung holen, wenn die Schule dem Überspringen kritisch gegenüber steht. Die Mehrheit der Publikationen zum Thema Hochbegabtenförderung empfiehlt das Überspringen jedoch nicht, wenn sich die Schule ausdrücklich gegen diese Maßnahme ausgesprochen hat (z.B. MÖNKS / YPENBURG, 1998, S. 54).

Innerhalb der Studien konnte gesehen werden, dass sowohl Pädagogen der Kindertagesstätten, als auch der Grundschulen mehrheitlich positiv gegenüber einer Steigerung der Lernanforderungen eingestellt sind. Dennoch betonen viele Eltern hochbegabter Kinder die Unflexibilität der Pädagogen bezüglich einschlägiger Fördermaßnahmen. Dies ist m.E. auf verschiedene Gründe zurückzuführen.

In den Studien konnte aufgezeigt werden, dass nur wenige Pädagogen Fördermaßnahmen nennen konnten, die auch innerhalb ihres Arbeitsbereiches anwendbar sind. Obwohl bestimmte Fördermaßnahmen, wie das Überspringen, gesetzlich verankert sind, scheinen sie doch den wenigsten Pädagogen bewusst zu sein. Dies schließt dann auch eine fachwissenschaftliche Auseinandersetzung mit diesen Fördermaßnahmen aus. Die Mehrheit der Pädagogen aus meiner Studie scheinen also keine genauen Informationen zu Fördermaßnahmen, wie das Überspringen, zu haben. Studienergebnisse, die Vor- und Nachteile des Überspringens betreffen, können somit den Pädagogen wenig bekannt sein.

Das Überspringen stellt, nach meiner Studie aus **Kapitel 7.2** zu urteilen, viele Pädagogen vor fachwissenschaftliches Neuland. Vielleicht könnte hier auch von Überforderung der Pädagogen gesprochen werden. An die Pädagogen werden Forderungen gestellt, die ihnen weitgehend unbekannt sind. Eine theoretische Vorbereitung innerhalb der Ausbildung kann ausgeschlossen werden, wenn sich kein einziger Erzieher und nur 8,3 % der befragten Lehrer für ihre Arbeit mit hochbegabten Kindern durch Ausbildung oder Weiterbildung angemessen vorbereitet fühlen (**Tabelle 2.1, Kapitel 7.2**).

Nach der Studie zu urteilen, mangelt es vielen Pädagogen nicht an gutem Willen, aber an fachwissenschaftlichem Wissen über einschlägige Fördermaßnahmen, wie dem Überspringen. Eine angemessenere Vorbereitung während der Ausbildung wäre wünschenswert. Dabei sollten sämtliche Aspekte der Fördermaßnahmen berücksichtigt werden. Zum Überspringen wäre es wichtig, Studien zu zeigen, in denen die Auswirkungen des Überspringens auf die Kinder dargestellt sind. Zusätzlich sollten die Pädagogen darauf aufmerksam gemacht werden, die Rahmenbedingungen, wie die motorischen Fähigkeiten oder die Stellung des Kindes im Klassenverband, zu berücksichtigen. Auch Alternativen zum Überspringen könnten ausgearbeitet werden. Die Pädagogen würden so Sicherheit auf diesem Gebiet erlangen. Diese Sicherheit würde ihnen dann helfen, bei aktuellen Gegebenheiten souveräner zu handeln und individuell zu entscheiden. Durch angemessene Vorbereitung wären die Pädagogen mit der neuen Situation weniger überfordert.

Pädagogen, die bereits beruflich ausgebildet sind, wäre Eigeninitiative zu empfehlen. Um sich mit dem neuen beruflichen Handlungsfeld vertraut zu machen und Sicherheit zu gewinnen, können eigene Studien hilfreich sein. Immerhin waren innerhalb meiner Studie 44,7 % der Erzieher und 54,2 % der Lehrer Anlaufstellen bekannt, um sich zum Thema Hochbegabung zu informieren (**Tabelle 2.3**). Stärkere Präsenz einschlägiger Fachverbände oder einrichtungsinterne Weiterbildungen wären dennoch wünschenswert, um die Pädagogen in ihrem Engagement nicht allein zu lassen.

Wenn die Hochbegabtenproblematik auch generell für viele Pädagogen fachwissenschaftlich eher unbekannt ist, so konnte in der Studie aber auch gesehen werden, dass einige wenige Pädagogen Erfahrungen mit hochbegabten Kindern und dem Überspringen gemacht hatten. Dazu konnten einige Probleme herauskristalisiert werden, die sich aus dem Überspringen ergaben.

Viele Lehrer fühlten sich, nach eigenen Aussagen, mit dem Überspringen in der Praxis dem Problem gegenübergestellt, dass die Kinder zwar intellektuell weit fortgeschritten sind, aber in ihrer motorischen und sozialen Kompetenz nicht immer mithalten können. Die Asynchronie der hochbegabten Kinder, zwischen ihrer geistigen und ihrer motorischen Entwicklung und in Bezug zu ihrer Umwelt, wurde in vorangegangenen Kapiteln bereits erwähnt. Hier kann es durchaus zutreffen, dass hochbegabte Kinder motorisch dem Tempo der Klasse nicht mithalten können. Auch kann die gemeinsame Basis zwischen dem Kind und seiner Klassenkameraden fehlen, wenn das Kind bereits zweimal übersprungen hat und der Altersunterschied zu groß ist.

Nach Aussagen der Pädagogen ist die Mehrheit für gezielte Fördermaßnahmen innerhalb der Bildungseinrichtungen. Erfahrungsschilderungen mit den Fördermaßnahmen, wie Akzeleration, waren zumeist positiv. Die Kinder hätten nach dem Überspringen weniger frustriert gewirkt, Verhaltensauffälligkeiten hätten nachgelassen. Die motorische und soziale Kompetenz stellen jedoch Problembereiche dar. Viele Kinder zögen sich nach dem Überspringen aus der Klassengemeinschaft zurück und wirkten weniger spontan und aufgeschlossen. Es könnte also möglich sein, dass die neue Situation die Kinder sozial überfordert. Dies konnten die Studien in HEINBOKEL (1996) zur Akzeleration jedoch nicht bestätigen.

Die Lehrer wünschten sich einen differenzierteren Umgang mit dem Überspringen. Nach ihren Erfahrungen stelle der richtige Zeitpunkt einen entscheidenden Faktor dar. So konnte ein Fall geschildert werden, bei dem nach der Diagnose Hochbegabung zunächst der Unterricht angereichert wurde, da das Kind motorisch und sozial nicht reif genug wirkte, um eine Klasse zu überspringen. Nach einem dreiviertel Jahr schienen motorische und soziale Kompetenzen weiterentwickelt und das Überspringen verlief problemlos. In anderen Fällen wurde dagegen das Überspringen als sehr problematisch empfunden, da dieses Kind motorisch noch nicht so entwickelt war, um dem Unterricht angemessen zu folgen. Es stellte eine Belastung im Voranschreiten des Unterrichts dar.

Wenn alle Meinungen berücksichtigt werden, kann es ein generelles Ja oder Nein zur Akzeleration nicht geben. Akzeleration wird, wie auch so viele andere bildungspolitische und pädagogische Konzepte, von den individuellen Umständen mitbestimmt. Wird ein Kind durch ständige Unterforderung in der Schule so frustriert, dass es sich weigert in die Schule zu gehen, dann ist das Überspringen empfehlenswert. Selbst wenn das Kind anfängliche Schwierigkeiten mit dem neuen Klassenverband hätte, so wäre diese Frustration nicht größer, als sie vom Kind bereits in der alten Klasse erlebt worden ist.

Fühlt ein Kind sich jedoch in der alten Klassengemeinschaft wohl und äußert auch nicht den Wunsch diese Klasse zu verlassen, so sollte nicht unter allen Umständen gesprungen werden. Wichtig ist jedoch, mit dem Lehrer über adäquate Zusatzangebote zu sprechen, damit bestehendes Potential auch in der alten Klasse gefördert wird.

Wird bei einem Kind eine Hochbegabung diagnostiziert oder auch nur vermutet, so sollten das Kind in der Ganzheitlichkeit seines Umfeldes betrachtet werden, um geeignete Fördermaßnahmen zu finden. Dabei spielt das Potential die gleiche Rolle, wie die motorischen und sozialen Fähigkeiten des Kindes, sowie seine Stellung innerhalb des Klassenverbandes. Optimale Fördermaßnahme, die auf jedes Kind, zu jeder Situation passend ist, gibt es m. E. nicht. Soll die Individualität des Kindes im Unterricht berücksichtigt werden, so muss ihr auch innerhalb der Fördermaßnahmen Rechnung getragen werden.

8.1 Parteipolitische Konzepte zur Förderung Hochbegabter innerhalb der Bundesrepublik

Anhand der Studie konnte aufgezeigt werden, dass bildungspolitisch in verstärktem Maße Aufklärungsarbeit notwendig ist, um die Pädagogen in bundesdeutschen Bildungseinrichtungen auf den Umgang und die Förderung hochbegabter Kinder vorzubereiten. Zusätzlich bedarf es innerhalb der Bildungseinrichtungen weiterhin an adäquaten Fördermaßnahmen und stimulierenden Rahmenbedingungen, damit sich vorhandenes Potential erkennen und entfalten lässt. Daher erschien es wichtig zu erfahren, wie die Förderung hochbegabter Kinder in den Bildungskonzepten bundesdeutscher Parteien aufgegriffen wird. In HEITZER (1984, S. 194-195) äußerte sich Rolf WERNSTEDT, MdL / SPD, noch kritisch gegenüber einer speziellen Hochbegabtenförderung. Hier wurde zunächst schon zu Beginn die Problematik der Hochbegabten nicht erkannt, da hier die Rede von „sogenannten Hochbegabten" ist. WERNSTEDT stellt dar, dass ein Förderkonzept für hochbegabte Kinder mit der politischen und idealistischen Position der SPD nicht übereinstimme.

Da die Ausführungen WERNSTEDTS bereits rund fünfzehn Jahre zurückliegen, erschien ein Schreiben an das Bundesministerium sinnvoll, um sich über die Grundposition der Bundesregierung zum Thema Hochbegabung zu informieren. Besondere Berücksichtigung sollten dabei die Maßnahmen zur Erfassung und Förderung hochbegabter Kinder im Kindertagesstätten- und Grundschulbereich darstellen.

Die Anfrage wurde vom Ministerium innerhalb einer Woche beantwortet. In dem Schreiben wurde kurz erläutert, dass ein Konzept zur Förderung Hochbegabter zur

Zeit in Bearbeitung wäre, Ergebnisse jedoch noch nicht vorliegen würden. Anbei befand sich außerdem ein Abdruck einer Großen Anfrage zur Hochbegabtenförderung in Rheinland-Pfalz von der CDU vom 14. Dezember 1999, sowie die Antwort des Ministeriums für Bildung, Wissenschaft und Weiterbildung Rheinland-Pfalz vom 27. Januar 2000 (siehe **Anhang 2**).

Die Große Anfrage der CDU kritisiert zunächst die unzureichende Förderung Hochbegabter in der Bundesrepublik. Durch unzureichende Ausbildung der Lehrkräfte stelle bereits die Erfassung hochbegabter Schüler ein Problem dar. Spezielle Fördermaßnahmen seien eine Seltenheit, obwohl das Ausbleiben von angemessenen Fördermaßnahmen Unterforderung bis hin zur Verhaltensauffälligkeit und psychischen Störungen mit sich bringe. Die CDU-Fraktion macht hierfür hinlänglich bekannte Vorurteile verantwortlich, die die Notwendigkeit einer besonderen Hochbegabtenförderung übersehen.

Die Ausführungen stimmen mit meinen Studien überein. Kritik an der Ausbildung der Pädagogen erscheint angebracht, wenn sich nicht einmal die Hälfte der in der Studie aus **Kapitel 7.2** befragten Pädagogen auf die Arbeit mit hochbegabten Kindern vorbereitet fühlen. Auch konnte gesehen werden, dass nur die wenigsten Pädagogen spezielle Fördermaßnahmen nennen konnten. Damit kann natürlich auch die Anwendung verschiedener Fördermaßnahmen im beruflichen Alltag ausgeschlossen werden.

Nach den einleitenden Ausführungen der CDU-Fraktion folgen gezielte Fragen zu speziellen Fördermaßnahmen für hochbegabte Kinder in Rheinland-Pfalz. Dabei werden zunächst herkömmliche Diagnoseverfahren angesprochen. Die CDU-Fraktion wünscht hierzu Auskunft über Studien zu Testergebnissen. Des Weiteren informiert sie sich, inwiefern das Umfeld eines Kindes auf die Erfassung von vorhandenem Potential vorbereitet ist. Die Fragen betreffen die Ausbildung von Erzieher und Lehrer und die Anwesenheit von ausgebildeten Schulpsychologen in Bildungseinrichtungen. Weiter betreffen die Anfragen differenzierte Förderangebote für Hochbegabte als Pendant zur Sonderpädagogik. Die CDU-Fraktion wünscht hierzu Statistiken über Schulen, die Schwerpunkte im Bereich der Hochbegabtenförderung setzen.

Die Anfragen wenden sich dann Schülerwettbewerben zu. Hier wird der Schwerpunkt auf die Teilnehmerzahl und die Platzierungen gelegt. Zuletzt gibt die CDU-Fraktion selbst Vorschläge zur Hochbegabtenförderung, die herkömmliche Maßnahmen wie Akzeleration und Enrichement betreffen.

Die Anfrage der CDU-Fraktion behandelt wichtige Kriterien der Hochbegabtenförderung, wie Diagnoseverfahren und Förderkonzepte. Sie spricht herkömmliche Probleme hochbegabter Kinder an, wie die Unterforderung und stellt gezielte Fragen zu deren Entgegenwirkung oder gar Prävention. Die CDU-Fraktion scheint sich insgesamt ausführlich mit dem Thema Hochbegabung beschäftigt zu haben.

Bevor zu den gezielten Anfragen der CDU-Fraktion Stellung bezogen wird, gibt das Ministerium für Bildung, Wissenschaft und Weiterbilodung Rheinland-Pfalz einleitend einen Überblick über die Hochbegabtenproblematik. So wird die Heterogenität hochbegabter Kinder herausgestellt, deren Fähigkeiten nicht immer mit den schulischen Angeboten übereinstimmen. Die Vielfältigkeit der Unterrichtsangebote wird als notwendig gesehen. Damit verlieren hochbegabte Kinder ihre Postulierung als „Funktionseliten", wie sie noch vor rund fünfzehn Jahren von WERNSTEDT (in HEITZER, 1984, S. 194-195) bezeichnet wurden. Die Individualität hochbegabter Kinder wird vom Ministerium anerkannt.

Zugleich scheint es sich auch mit der bildungspolitischen Situation hochbegabter Kinder auseinandergesetzt zu haben. Auf die Problematik einer frühen Identifikation wird hingewiesen, da sich das vorhandene Potential nicht immer in guten schulischen Leistungen offenbare. Der Unterrichtsstoff und die Unterrichtsform seien nicht immer geeignet, die vielfältigen Interessen begabter Kinder zu wecken und ihre Kreativität zu fördern.

Die Stellungnahme des Ministeriums sieht also durchaus Schwierigkeiten in der bildungspolitischen Förderung. Es betont die Notwendigkeit spezifischer Fördermaßnahmen. Dabei werden durch Akzeleration und Enrichement geeignete Maßnahmen gesehen, um hochbegabte Kinder im Bildungssystem aufzugreifen. Diese Fördermaßnahmen sollten jedoch nicht getrennt voneinander gesehen werden, sondern als Mischform bestehen.

Nach dem einleitenden Überblick beantwortet das Ministerium die spezifischen Fragen der CDU-Fraktion. Zu den Anfragen nach Diagnoseverfahren sieht das Ministerium eine wichtige Rolle in den Intelligenztests. Sie seien das bisher bekannteste Mittel, um vorhandenes Potential zu diagnostizieren. Zugleich werden aber auch die Schwachpunkte der Intelligenztests erkannt, die stark vom kulturellen Hintergrund bestimmt werden und wenig Raum für Kreativität zulassen. Daher sollen Intelligenztests nicht als unumstrittene Methode angesehen werden.

Die Ausführungen zeigen einen reflektierten Umgang mit der Messung von Potential durch Tests. Leider fehlen an dieser Stelle alternative Vorschläge zur Erfassung außergewöhnlicher Begabungen. Es wird lediglich auf die Notwendigkeit von individuellen Vorgehensweisen hingewiesen. Damit wird das Problem der Diagnose zwar angesprochen, Lösungsansätze werden jedoch nicht geboten. Dies erweckt den Eindruck, als würde das Problem beiseite geschoben werden.

Bezüglich der tatsächlichen Diagnose auf Hochbegabung durch einschlägige Diagnoseverfahren liegen dem Ministerium keine Statistiken vor. Dies lässt auf einen niedrigen Stellenwert des Themas Hochbegabung in der Bildungspolitik schließen. Um bildungspolitische Fördermaßnahmen einzuführen, ist es wichtig, den Bedarf zu kennen. Durch Statistiken kann ein Überblick gegeben werden, wie viele Kinder und Einrichtungen betroffen sind. Sie geben auch Aufschluss darüber, ob der Bedarf in den letzten Jahren gestiegen ist und somit das Thema an Aktualität gewinnt. Ohne genaue Statistiken bleiben hochbegabte Kinder in der Dunkelziffer.

Um adäquate Fördermaßnahmen einzuführen sind Statistiken wichtig. Sie zeigen die Bedarfsdringlichkeit und können auch zeigen, wo genau spezielle Fördermaßnahmen einzusetzen haben. Wenn dem Ministerium keine Statistiken vorliegen, so lässt dies nicht auf eine intensive Beschäftigung mit dem Thema Hochbegabung schließen.

Um hochbegabte Kinder außerhalb von Testverfahren zu diagnostizieren nennt das Ministerium die Beobachtungen durch Erzieher und Lehrer. Anhand der unter Kapitel **7.2** genannten Studie konnte gezeigt werden, dass den Pädagogen in der Tat ein hoher Prozentwert in der Ersterkennung hochbegabter Kinder zufällt. Allerdings liegt der Prozentwert in den Grundschulen höher, als in den Kindertagesstätten. Wenn sich das Ministerium auf die Beobachtungen der Pädagogen verlässt, dann bedarf es an einer Verbesserung der beruflichen Vorbereitung der Erzieher. Kein befragter Erzieher fühlte sich auf die Arbeit mit hochbegabten Kindern vorbereitet. Demnach fällt den Erziehern auch die Identifikation hochbegabter Kinder schwer. Zusätzlich konnte gezeigt werden, dass die Rahmenbedingungen in den Kindertagesstätten nicht unbedingt dazu dienen, hochbegabte Kinder als solche zu erkennen. Von einem adäquaten Diagnoseverfahren kann an dieser Stelle also nicht uneingeschränkt gesprochen werden. Die Erforschung verbesserter Erkennungsverfahren, die so früh wie möglich ansetzen können, ist daher weiterhin wichtig.

Zur gezielten Förderung von individuellen Begabungen sieht das Ministerium innerhalb der Rahmenbedingungen der Kindertagesstätten eine gute Basis, um individuelle Begabungen zu fördern. Hier wird auf den Auftrag des KitaG hingewiesen, nachdem Kinder in ihrer geistigen, körperlichen und seelischen Entwicklung ganzheitlich zu fördern seien. Außerdem würden die Kinder in den Kindertagesstätten zu eigenverantwortlichen und gemeinschaftsfähigen Menschen erzogen werden.

Die letzte Äußerung lässt nicht unbedingt auf ein Konzept zur speziellen Begabungsförderung schließen. Natürlich müssen auch hochbegabte Kinder selbständig und gemeinschaftsfähig werden. Dies gilt aber für alle anderen Kinder auch. Dieses Erziehungskonzept ist allgemeingültig und gibt keinen Aufschluss darüber, wie Potential adäquat in Kindertagesstätten gefördert wird.

Die ganzheitliche Erziehung, die eine geistige, körperliche und seelische Entwicklung des Kindes einbeziht, wurde in dem Kapitel zum KitaG schon genauer untersucht. Hier konnte dargelegt werden, dass dieses Erziehungskonzept gute Möglichkeiten zu einer individuellen Förderung bietet. Voraussetzung ist aber die bewusste Umsetzung dieses Konzeptes innerhalb der Einrichtungen. Wenn aber nach KRENZ (1995) vielen Pädagogen der genaue Kindertagesstättenauftrag nicht bewusst ist, so kann auch die folgerichtige Umsetzung dessen bezweifelt werden.

Für den Grundschulbereich beruft sich das Ministerium auf die Leitlinien für die Arbeit in der Grundschule, die innerhalb dieser Arbeit schon ausführlich behandelt worden sind. Das Ministerium verweist auf die Schwierigkeit, alle Potentiale der Kinder und das jeweilige Lernverhalten in einer Klasse zu integrieren. Es sieht jedoch innerhalb der Leitlinien Möglichkeiten zur individuellen Unterrichtsgestaltung und zur Erfassung verschiedener Fähigkeiten.

Es konnte bereits innerhalb dieser Arbeit gesehen werden, dass die Leitlinien sowohl Möglichkeiten zu einer Förderung hochbegabter Kinder bieten, als auch Schwachstellen aufweisen. Diese Möglichkeiten und Schwachstellen wurden auch vom Ministerium großenteils erkannt. Ein erweitertes Konzept zur Behebung dieser Schwachstellen liegt jedoch nicht vor.

Innerhalb der Schulung für Erzieher und Lehrer zum Thema Hochbegabung hält das Ministerium ein umfangreiches Angebot für wichtig. So bestünden bereits Fortbildungsmaßnahmen im Bereich der Förderung des Lernverhaltens und der Kreativität. Außerdem würden Erzieher und Lehrer während ihrer Ausbildung intensiv auf das Thema Hochbegabung vorbereitet. Im Hinblick auf die unter **Kapitel 7.2** genannte Studie muss an dieser Stelle noch einmal darauf verwiesen werden, dass das Ministerium die Ausbildung der Pädagogen in der Bundesrepublik in Bezug auf die Hochbegabtenpädagogik überschätzt. Die Aussagen bezüglich der Vorbereitung während der Ausbildungszeit auf die Arbeit mit hochbegabten Kinder decken sich nicht mit den Aussagen der befragten Pädagogen, wie bereits zu sehen war. Die Pädagogen fühlen sich keineswegs auf ihre Arbeit mit hochbegabten Kindern vorbereitet. Dies ist anhand der Prozentwerte unter Kapitel **7.2, Tabelle 2.1** genau zu erkennen. An dieser Stelle wird eine große Diskrepanz zwischen den Aussagen des Ministeriums und den befragten Pädagogen deutlich.

Neben der Bundesregierung scheinen auch andere bundesdeutschen Parteien die Förderung Hochbegabter in ihr parteipolitisches Programm aufzunehmen. So sieht die FDP-Fraktion die Errichtung einer Schule speziell für hochbegabte Kinder in Rheinland-Pfalz vor (VBE, 7. 11. 2000). Dieser Vorschlag wird von der CDU-Fraktion begrüßt. Sie sieht als eigenes parteipolitisches Programm jedoch weniger die Separierung durch getrennte Schulen vor, als eine direkte Verbesserung der Rahmenbedingungen innerhalb bundesdeutscher Bildungseinrichtungen (VBE, ebd.). Insgesamt kann gesehen werden, dass die Hochbegabtenproblematik von den Parteien in der Bundesrepublik weitgehend erkannt und in das parteipolitische Programm aufgenommen wird. Wenn dies auch als Fortschritt bezeichnet werden kann, so fehlen doch gezielte neue bildungspolitische Konzepte zur Identifikation und adäquaten Förderung hochbegabter Kinder. Die Parteien sprechen von einem „Anreicherung des Unterrichts" und von „Eliteschulen", ohne ihre Konzepte zu konkretisieren. Dies erweckt einen nur oberflächlichen Umgang der Parteien mit der Förderung Hochbegabter in der Bundesrepublik.

Die Hochbegabtenproblematik wird heute von den bundesdeutschen Parteien zwar thematisiert, die Ausführungen werden jedoch meist wenig konkretisiert und bleiben oberflächlich. Probleme, die von den Pädagogen innerhalb der Studie in **Kapitel 7.2** angesprochen werden, bleiben von den Parteien unberücksichtigt.

Während das Ministerium in den Pädagogen der Bundesrepublik geeignete Fachkräfte zum Thema Hochbegabung sieht, fühlen sich die Pädagogen selbst nur unzulänglich auf dieses Thema vorbereitet. Eine adäquater fachwissenschaftliche Erstausbildung und Weiterbildungen für bereits im Beruf stehende Pädagogen scheinen unumgänglich.

Die Förderung hochbegabter Kinder scheint von dem fachwissenschaftlichen Wissen und dem guten Willen der Pädagogen abhängig zu sein. Das Einsetzen von Fördermaßnahmen gestaltete sich innerhalb der Studie aus **Kapitel 7.2** nicht einheitlich, sondern variierte innerhalb der Institutionen. Daher erscheint ein flächendeckendes bildungspolitisches Konzept für alle Bildungseinrichtungen im gesamten Bundesgebiet für wichtig. Dieses Konzept kann dann als Richtlinie gelten. Die Förderung hochbegabter Kinder wäre damit einheitlich festgelegt und nicht von den jeweiligen Rahmenbedingungen abhängig, die das hochbegabte Kind an den Bildungseinrichtungen vorfindet.

Leider ist bei keiner Partei ein solches flächendeckendes Konzept erkennbar. Die Parteien setzen auf Separierung (FDP-Fraktion, in VBE, 7.11.2000) oder auf die Einführung von Computern an Grundschulen (CDU-Fraktion, in VBE, ebd.), um die Rahmenbedingungen für hochbegabte Kinder zu verbessern. Wenn davon abgesehen wird, ob getrennte Schulen oder die bloße Einführung von Computern in Schulen die Situation hochbegabter Kinder in der Bundesrepublik entscheidend verbessern kann, ist auch anzumerken, dass diese Konzepte wieder nur einzelne Institutionen betreffen. Um jedem hochbegabten Kind gerecht zu werden, sind fachwissenschaftlich vorbereitete Pädagogen, stimulierende Rahmenbedingungen und einheitliche Förderkonzepte für alle Bildungseinrichtungen im gesamten Bundesgebiet wichtig. Dies scheint jedoch von den Parteien weitgehend übersehen zu werden.

8.2 Die bundesdeutsche Hochbegabtenförderung im Vergleich auf internationaler Ebene

In der in **Kapitel 8.**1 genannten Stellungnahme der Bundesregierung auf die Große Anfrage der CDU-Fraktion sieht das Ministerium in den Schülerwettbewerben ein wichtiges Element innerhalb der Begabtenförderung, da die einzelnen Platzierungen dieser Wettbewerbe teilweise mit Stipendien oder Forschungsaufenthalten belohnt werden. Die Schülerwettbewerbe bieten den Teilnehmern also nicht nur die Möglichkeit, sich mit anderen Schülern zu messen oder durch intensive Vorbereitungszeit vorhandenes Potential zu fördern, sie bieten darüber hinaus auch neue Zukunftsperspektiven für den Schüler, dem durch eine gute Platzierung ein Studienaufenthalt an einer renommierten Universität ermöglicht wird.

Eine Konkurrenz innerhalb der Schülerwettbewerbe ist dabei aber nicht nur unter den einzelnen Teilnehmern zu finden, sondern auch unter den Teilnehmerländern. Zur Zeit des sogenannten „Kalten Krieges" zwischen den USA und der damaligen UdSSR boten Schülerwettbewerbe auf internationaler Ebene eine gute Möglichkeit, um sich ein Bild von dem heranwachsenden Potential seines Gegenübers zu verschaffen. Gleichzeitig konnten die Länder ihre Platzierungen aber auch nutzen, um den anderen Ländern durch die Fähigkeiten ihrer Schüler ihre Überlegenheit zu demonstrieren. An dieser Stelle sei betont, dass die politische Benutzung solcher Schülerwettbewerbe pädagogisch und moralisch nicht vertretbar ist. Dennoch können die Platzierungen der einzelnen Länder durchaus ein Bild darüber abgeben, wie bildungspolitisch innerhalb der einzelnen Länder gefördert wird und welchen Stellenwert die Förderung begabter Schüler in den Ländern besitzt.

Wenn die Förderung von Potentialen in einem Land einen hohen Stellenwert besitzt, dann wird dieses Land auch bildungspolitische Möglichkeiten zur Erfassung und Förderung dieses Potentials bieten. Gleichzeitig müssten demzufolge die Länder die besten Platzierungen erlangen, deren Bildungspolitik am ehesten auf die Förderung begabter Schüler ausgerichtet ist.

Um diese Schlussfolgerungen zu überprüfen, kann die Internationale Mathematik Olympiade (IMO) stellvertretend für internationale Schülerwettbewerbe näher betrachtet werden. An dieser Stelle sei Dank gerichtet an BILDUNG UND BEGABUNG e.V. in Bonn, für die mannigfaltigen Unterlagen, auf die sich die folgenden Angaben beziehen.

Die Internationale Mathematik Olympiade entstand 1959 auf Initiative Rumäniens. Die IMO zählt heute 75 teilnehmende Länder. Jedes Jahr findet die Olympiade in einem anderen Gastland statt. Der Wettbewerb besteht aus zwei viereinhalbstündigen Klausuren, die auf zwei Tage verteilt sind. Die Aufgaben werden von den Teilnehmerländern bei dem gastgebenden Land eingereicht. Korrektur und Bewertung der Klausuren nehmen die Delegationsleiter der Schüler vor. Die Preise bestehen aus Gold-, Silber- und Bronzemedaillen.

Wenn wir zunächst einmal einen Blick auf die Platzierungen der fünf besten Länder in den Jahren von 1994 - 1998 werfen, so ist auffällig, dass meist immer dieselben Namen fallen. In wechselnder Platzierungsreihenfolge sind unter den fünf besten Länder meist die USA, Russland, Iran, Ungarn und die Volksrepublik China vertreten. Das deutsche Team bewegt sich dabei stetig unter den besten zwanzig. Wie sieht nun die bildungspolitische Förderung begabter Schüler in diesen bestplazierten Ländern aus ?

Die USA blickt auf eine lange Zeitspanne bei der Beschäftigung zum Thema Hochbegabung zurück. Als erste wissenschaftlich fundierte Auseinandersetzung mit besonders begabten Menschen gilt in den USA GALTONS Werk „Hereditary Genius" aus dem Jahre 1896 (siehe FELDHUSEN in MEHLHORN / URBAN, 1989, S. 48). Hierbei ging es um die These einer ererbten Intelligenz. Als Meilenstein in der (amerikanischen) Begabtenforschung wird jedoch in den meisten fachwissenschaftlichen Publikationen die Studie von Lewis TERMAN bezeichnet (z.B. in EWERS, 1978, S. 4 ff), die er 1921 begann. Nähere Angaben zu der Studie TERMANS finden sich innerhalb dieser Arbeit in **Kapitel 2.1**. Die Studie TERMANS und die darauffolgenden Publikationen von ihm und seinen Mitarbeitern befassen sich mit den Lebensläufen seiner Probanden und lieferten aufschlussreiche fen seiner Probanden und lieferten aufschlussreiche Informationen bezüglich der Rahmenbedingungen, wie die Schul- und Familiensituation, und besonderer Persönlichkeitsmerkmale, wie Zielstrebigkeit und Wissbegierde, um bestehende Begabungen zur Entfaltung zu bringen.

Nachdem in den sechziger Jahren des letzten Jahrhunderts das öffentliche Interesse an der Begabungsforschung zurückging, flammte sie in den siebziger Jahren spätestens nach dem sogenannten Sputnik-Schock wieder auf. Die amerikanische Bevölkerung sah in der Förderung ihrer Nachkommen einen wichtigen Bestandteil zur zukünftigen Erhaltung ihrer weltpolitischen Vormachtstellung. Hochbegabtenförderung erhielt somit auch einen politischen Charakter. Im Zuge der Elementar- und Sekundarbildungsreform wurde 1970 der US-Kommissionär für Bildung mit einer Studie beauftragt, die die Identifikation und Förderung hochbegabter Schüler betraf. Der Bericht führte zu der Schlussfolgerung, dass die Programme einen wesentlichen Teil Begabter nicht erreichen. Damit erlangte die Förderung Hochbegabter bildungspolitisch höchste Priorität. Mit einem neuen Gesetz wurde die Förderung Hochbegabter im Jahre 1978 um 50 Millionen Dollar bezuschusst. Des Weiteren nennt FELDHUSEN (in MEHLHORN / URBAN, 1989, S. 53) die Zeit von 1972- 1987 als durch Wachstum an besonderen Programmen zur Förderung Hochbegabter geprägt. In dieser Zeit entstanden Bildungsdepartemente der Bundesstaaten, Unterrichtsmaterialien, Hilfsorganisationen, Zeitschriften und Workshops, die sich mit der Hochbegabtenproblematik befassten. Auch neue Schulsysteme zur Förderung hochbegabter Schüler, die noch heute in den USA, und auch in anderen Ländern, praktiziert werden, sind in dieser Periode entstanden. So kann z.B. der Akzeleration-Ansatz, der mit Hilfe des John-Hopkins-Projects ins Leben gerufen wurde, genannt werden. Auch Modelle, die das Enrichement betreffen, wie RENZULLIS „Drehtürmodell", sind während dieser Zeit entstanden.

Die USA blickt also auf eine lange Tradition der Förderung Hochbegabter zurück. Spezielle Fördermaßnahmen wurden hier entwickelt und erprobt und sind bereits hinlänglich bekannt. Akzeleration oder Enrichement wird in amerikanischen Schulen regelmäßig praktiziert und gehört zum Alltag der Lehrpersonen. Die intensive und zeitlich lange Beschäftigung mit diesem Thema hat dazu geführt, dass spezielle Fördermaßnahmen für individuelle Begabungen selbstverständlich geworden sind. So können Begabungen in den Einrichtungen schnell erfasst und optimal gefördert werden. Schüler und Eltern haben weniger Schwierigkeiten damit, bestimmte Fördermaßnahmen an den Bildungseinrichtungen durchzusetzen, wie dies teilweise in der Bundesrepublik der Fall ist.

Natürlich gibt es auch in den USA besondere Schulen, die sich gerade auf die Förderung hochbegabter Kinder spezialisiert haben, wie die Thomas-Jefferson-Highschool in New York, wohingegen hochbegabte Schüler anderer Schulen eine weniger intensive Förderungen erhalten (siehe „DIE ZEIT", 11/2001). Die Wichtigkeit einer besonderen Förderung für hochbegabte Schüler ist jedoch gesellschaftlich und bildungspolitisch unumstritten. Hochbegabte Kinder wachsen in den USA in einem Umfeld auf, dass gesellschaftlich für ihre besonderen Fähigkeiten sensibel ist und bildungspolitisch problemlos optimale Rahmenbedingungen schaffen kann.

Als Basis für bildungspolitische Maßnahmen in der früheren UdSSR sieht MONACHOW (in MEHLHORN / URBAN, 1989, S. 111) die Ideale des Kommunismus. Dort sei die „freie Entwicklung eines jeden die Bedingung für die freie Entwicklung aller". Diese Ideologie habe dazu geführt, dass besondere Fähigkeiten schon allein deswegen nicht ungenutzt bleiben dürfen, weil sie zum Wohl des gesamten Staates beitragen können. Gesellschaftlich war damit also der Weg für eine spezielle Hochbegabtenförderung geebnet.

Bildungspolitisch wurden die besonderen Fähigkeiten einzelner Schüler in den Einheitsschulen zunächst herauskristallisiert. Die Einheitsschulen sollten jedem Schüler eine fundierte Ausbildung ermöglichen. Wurden an machen Schülern jedoch besondere Begabungen entdeckt, so wurde diese in besonderen Internatsschulen gefördert. Die frühere UdSSR förderte also durch Seperation.

Wenn sowohl die kommunistische Ideologie, als auch verschiedene bildungspolitische und pädagogische Vorgehensweisen der früheren UdSSR nicht unreflektiert gesehen werden darf, so muss dennoch darauf hingewiesen werden, dass die gesellschaftliche Verantwortung für besonders begabte Schüler und deren Verantwortung an die Gesellschaft erkannt worden ist. Gesellschaftliche Verantwortung und Verantwortung an die Gesellschaft haben grundsätzlich nichts allein mit dem Kommunismus zu eigen, sondern stellen durchaus Maßstäbe dar, die auch für eine Demokratie wichtig sind.

Bildungspolitisch wurde hochbegabten Kindern ein Umfeld geboten, dass ihre individuellen Fähigkeiten berücksichtigte, sie vielleicht sogar systematisch heraussuchte. Die Förderung hochbegabter Kinder war sicherlich weniger mit der Intention behaftet, einer individuellen Förderung zum Wohl des Kindes, als zum Wohl des Staates. Auch lässt sich darüber streiten, ob Seperation oder Integration der bessere Weg zur adäquaten Förderung darstellt. Dennoch waren die Pädagogen für die besonderen Anlagen ihrer Schüler sensibel. Besondere Fähigkeiten wurden erkannt und gefördert und nicht negiert und unterdrückt. Die bildungspolitischen Gegebenheiten wurden nach dem Fall der UdSSR von der Republik Russland weitgehend übernommen. Sie können damit als Hochbegabtenfördermaßnahmen des Landes Russland gesehen werden.

Ungarn sieht sich in den letzen Jahren der Aufgabe gegenübergestellt das Schulsystem zu demokratisieren (nach MOLNAR in MEHLHORN / URBAN, 1989, S. 105). Schwierigkeiten in dem Schulsystem bestehen generell in der bildungspolitischen und finanziellen Förderung der Schüler aus ländlichem Gebiet oder aus sozial weniger bemittelten Schichten. Dennoch betont MOLNAR die Wichtigkeit einer speziellen Förderung hochbegabter Schüler.

Spezielle Stundenpläne, die auf die individuellen Interessen und Fähigkeiten der Schüler abgestimmt sind, gibt das ungarische Bildungssystem erst in der Oberschule, wenn die Schüler bereits im Alter zwischen 14 - 17 Jahren sind. Dennoch sieht MOLNAR eine Förderung hochbegabter Schüler auch in den Grundschulen gegeben. Während zunächst Seperation als hauptsächliche Fördermaßnahme eingesetzt wurde, werde nun bildungspolitisch an einem Differenzierungskonzept gearbeitet, dass besonders das Enrichement hervorhebt. Die Seperation habe sich zu Ungunsten der weniger begabten Schüler ausgewirkt, die mit weniger qualifizierten Lehrern vorlieb nehmen mussten.

Wenn Ungarn auch vorrangig andere Probleme im Bildungssystem sieht und ein geeignetes Konzept zur Förderung Hochbegabter noch in Arbeit ist, so kann doch gesehen werden, dass die besondere Problematik hochbegabter Schüler sehr wohl erkannt und ernst genommen wird. Obwohl in der seperativen Förderung Nachteile für andere Schüler gesehen wurden, wurde dies nicht als Anlass genommen, von einer speziellen Hochbegabtenförderung abzusehen. Vielmehr wurden neue Konzepte entwickelt. Die spezielle Problematik der Hochbegabung wird in dem Aufbau eines demokratischen Bildungssystems nicht übersehen.

Ein vielschichtiges Konzept zur Erfassung hochbegabter Kinder sowie die konsequente Förderung im Bildungssystem liegt in der Volksrepublik China vor. Die folgenden Ausführungen beziehen sich auf ZI-XIU (in MEHLHORN /URBAN, 1989, S. 180 ff).

1978 begann in der VR China eine Forschungsarbeit zur Erfassung und Förderung hochbegabter Kinder. In diese Studie wurden über 30 Institutionen des Landes einbezogen. Die Studie hatte nicht nur Publikationen zum Thema Hochbegabung zur Folge, sondern auch die Entwicklung verschiedener Förderkonzepte in Schulen, die Einrichtung von Spezialklassen, sowie ein Programm zur vorzeitigen Aufnahme von Oberschülern an Universitäten. Mit dieser Studie wurde damit der Grundstein zu einem breitgefächerten Förderungssystem hochbegabter Schüler in der VR China gelegt.

Das Diagnoseverfahren zur Erfassung hochbegabter Kinder umfasst viele Bereiche. Nachdem ein Kind von Eltern oder Lehrern als hochbegabt nominiert wird, wird es sowohl auf kognitive Fähigkeiten, als auch auf besondere Talente hin untersucht. Potential, dass sich nur auf einem Gebiet zeigt, z.B. in der Mathematik oder in Fremdsprachen, kann so herausgefiltert und gefördert werden.

Die als hochbegabt identifizierten Kindern können, wie auch in der Bundesrepublik, früher eingeschult werden und Klassen überspringen. Dabei ist jedoch der Häufigkeit des Überspringens keine Grenzen gesetzt. Eine Seperation findet nur insofern statt, dass innerhalb der Einrichtungen Experimentalklassen existieren. Diese Experimentalklassen besuchen die Kinder dann, um sich innerhalb des Schwerpunktes ihres Potentials weiterzubilden. So gibt es Experimentalklassen zum Thema Mathematik oder Zeichnen. Auch wurde an den Universitäten Jugendklassen oder Zeichen. Auch wurde an den Universitäten Jugendklassen eingerichtet, um Schülern die Möglichkeit zur Vertiefung eines Themas zu geben.

Darüber hinaus ist sicherlich auch die Mentalität der VR China hilfreich, um Potential zu fördern. Hervorragende Leistungen, Fleiß und Ausdauer, sowie Wettbewerbsfähigkeit haben einen gesellschaftlich hohen Stellenwert. Auch wird der ideelle Hintergrund der Hochbegabtenförderung dem der früheren UdSSR ähneln. Ein breitgefächertes Konzept zur Erfassung hochbegabter Kinder, sowie ein Bildungssystem, dass Raum zur individuellen Förderung lässt, ist damit aber noch lange nicht politisch behaftet. Die VR China besitzt ein Bildungssystem, in dem vorhandenes Potential erkannt werden kann, selbst wenn es sich nur auf einen Aspekt bezieht, und in dem diesem Potential in seiner Förderung nur wenig gesetzliche Grenzen gesetzt sind. Der Erfolg auf internationaler Ebene gibt dem chinesischen Konzept zu Förderung hochbegabter Kinder recht.

Kommen wir nun zu den eingangs gestellten Schlussfolgerungen zurück. Es konnte tatsächlich aufgezeigt werden, dass die Länder, die während der letzten Jahre meist unter den fünf besten Platzierungen bei der IMO vertreten waren, auch über mannigfaltige Förderprogramme verfügen. Den Ländern ist gemeinsam, dass sie die Problematik der Hochbegabtenförderung nicht ignorieren. Die Bildungseinrichtungen verfügen in den Ländern einheitlich über Möglichkeiten zur Förderung. Dabei variieren die Fördermaßnahmen nicht sehr von den auch in der Bundesrepublik bekannten Maßnahmen. In den beschriebenen Ländern gehören diese Förderkonzepte jedoch zum beruflichen Alltag innerhalb der Bildungseinrichtungen. Die Förderung hochbegabter Kinder gilt in den Schulen der aufgezeigten Länder als Normalität.

In der Bundesrepublik sind vereinzelt Bildungseinrichtungen vorhanden, die sich auf die Förderung hochbegabter Kinder spezialisiert haben, wie die Christopherus-Schule in Braunschweig. Die bildungspolitische Verankerung zur Förderung hochbegabter Kinder gilt zwar für alle Bildungseinrichtungen in der Bundesrepublik, sie wird aber nicht flächendeckend praktiziert. Dies liegt vor allem daran, dass sich viele Pädagogen zum Thema Hochbegabung nicht ausreichend vorbereitet fühlen, wie anhand der Studie in **Kapitel 7.2** gesehen werden konnte. Der Gebrauch von speziellen Fördermaßnahmen war innerhalb der befragten Einrichtung nur sehr selten zu beobachten.

Deutsche Schüler liegen bei der Platzierung der IMO innerhalb der besten zwanzig. Damit bewegen sie sich in einer verhältnismäßig guten Rangfolge, wenn von 75 Teilnehmerländern ausgegangen wird. Der Anschluss zu den Spitzenteams scheint jedoch noch fern. Immerhin liegt Deutschland stetig um ungefähr 80 Punkte hinter dem Gewinnerland.

Die deutschen Platzierungen, die sich im guten Mittelfeld bewegen, spiegeln in gewisser Hinsicht die deutsche Bildungspolitik wieder. Ein Ansatz zur individuellen Förderung besteht. Sowohl das KitaG, als auch schulische Leitlinien befürworten eine individuelle Begabungsförderung. Auch wird in verschiedenen Einrichtungen überdurchschnittliches Potential besonders gefördert. An deutschen Bildungseinrichtungen fehlt jedoch eine generelle und konsequente Förderung hochbegabter Kinder. Eine Sensibilität bezüglich der Hochbegabtenproblematik ist bei den Pädagogen zu erkennen. Immerhin sahen in der Studie aus **Kapitel 7.2** 71 % der Erzieher und 83,3 % der Lehrer eine besondere Verantwortung in ihrer Arbeit bei der Förderung hochbegabter Kinder. Die Pädagogen scheinen sich hier jedoch noch teilweise auf weitgehend unbekanntem Terrain zu bewegen. Die Auseinandersetzung mit diesem Thema hat gerade erst begonnen. Daher erhalten hochbegabte Kinder in der Bundesrepublik nicht jene optimalen Rahmenbedingungen, wie die Schüler in den USA oder der VR China.

Als vergleichbares Beispiel zur Bundesrepublik kann die Schweiz genannt werden. In einem Artikel aus der NEUEN ZÜRICHER ZEITUNG (18. 3. 1999) von LANGEMANN-BÖCKELMANN wird das Fehlen von speziellen Fördermaßnahmen für hochbegabte Kinder herausgestellt. Trotz steigender Schülerzahlen würden Gelder für Fördermaßnahmen gekürzt. Zudem stehe die Gesellschaft selbst der Förderung Hochbegabter zwiespältig gegenüber. Eine Elitebildung würde befürchtet, die sich zum Nachteil für den Rest der Bevölkerung auswirken würde. Auch STEDTNITZ betont in MEHLHORN / URBAN (1989, S. 141 ff) die gesellschaftliche Haltung der Schweizer bezüglich Hochbegabter. Hier würde falsch interpretierte Chancengleichheit adäquate Förderkonzepte verhindern. Gleichzeitig ist die Schweiz in der IMO in den fünf Untersuchungsjahren nicht unter den besten zehn Platzierungen vertreten.

Die Länder mit den besten Platzierungen innerhalb der IMO verfügen nicht nur über besondere bildungspolitische Fördermaßnahmen. Diese sind teilweise an deutschen Bildungseinrichtungen auch gegeben. Die führenden Länder der IMO bestehen jedoch aus Gesellschaften, in denen die Wichtigkeit der Förderung besonderer Potentiale zum Wohle der gesamten Nation erkannt worden ist. Die Förderung hochbegabter Kinder geschieht hier nicht nur zum Wohl der einzelnen Kinder, sondern auch im Hinblick zum Wohle der Gesellschaft. Die Förderung Hochbegabter wurden in diesen Ländern als wichtige Zukunftsinvestition erkannt.

8.3 Zusammenfassung

Innerhalb internationaler Schülerwettbewerbe, wie der IMO, konnten fünf Nationen als die jährlich bestplazierten Länder herausgestellt werden. Diese Länder verfügten über besondere bildungspolitische Maßnahmen zu Erfassung und Förderung hochbegabter Kinder.

Dabei waren bereits in den frühen Kindheitsjahren Maßnahmen zur Erfassung besonderer Fähigkeiten getroffen worden. Diese Maßnahmen erhielten dann in den Bildungseinrichtungen eine konsequente Förderung. Zusätzlich wuchsen die Kinder aus den bestplatzierten Länder in Gesellschaften auf, die sich über ihre gesellschaftliche Verantwortung am Einzelnen, aber auch über den Nutzen des Einzelnen für die Gesellschaft, bewusst waren.

Die Bundesrepublik bewegte sich bei den Platzierungen innerhalb der besten zwanzig. Es kann nicht von einem Anschluss an die besten fünf Länder gesprochen werden. Im Gegensatz zu den anderen Länder verfügt die Bundesrepublik nicht über spezielle bildungspolitische Maßnahmen zur Früherkennung und Förderung hochbegabter Kinder. Die Studie in **Kapitel 7.2** zeigte, dass spezielle Fördermaßnahmen in den befragten Einrichtungen nur äußerst selten eingesetzt worden sind, obwohl hochbegabte Kinder registriert waren. Auch verfügt die Bundesrepublik nur über wenige Einrichtungen, die ihren Bildungsschwerpunkt auf die Förderung hochbegabter Kinder gesetzt haben. Von einer flächendeckenden Förderung kann in der Bundesrepublik nicht die Rede sein.

Auch neue parteipolitische Konzepte zur Förderung hochbegabter Kinder sehen kein flächendeckendes Konzept vor. Teilweise stimmen die Ausführungen des Ministeriums für Bildung, Forschung und Weiterbildung nicht einmal mit den Ergebnissen aus der Studie in **Kapitel 7.2** überein. Die dort genannten Probleme der Pädagogen wurden in der Stellungnahme des Ministeriums nicht berücksichtigt.

Statistiken über die Anzahl hochbegabter Kinder an bundesdeutschen Bildungseinrichtungen lagen dem Ministerium nicht vor. Dies zeigt, dass die Erfassung und Förderung hochbegabter Kinder politisch einen noch zu geringen Stellenwert in der Bundesrepublik aufweist, um Statistiken und Studien zu veranlassen.

Als vergleichbares Land zu der Bundesrepublik konnte die Schweiz dargestellt werden. Auch hier mangelt es an adäquaten Fördermaßnahmen für hochbegabte Kinder. Gleichzeitig kann auch die Schweiz nicht zu den Spitzenteams der IMO gezählt werden.

Insgesamt konnte ein Zusammenhang zwischen dem bildungspolitischen Förderprogramm für hochbegabte Schüler der einzelnen Länder und ihrer Platzierung innerhalb der internationalen Schülerwettbewerbe gesehen werden.

9. Endresumee

Intelligenzforschung, mit dem besonderen Schwerpunkt auf der Hochbegabung, wird verstärkt seit der Jahrhundertwende vom 18. zum 19. Jahrhundert betrieben. Dabei stellt für die amerikanische Forschung die Studie Lewis TERMANS einen besonderen Durchbruch dar, während in Deutschland William STERN als ein führender Begabungsforscher genannt werden kann.

Intelligenz, Talent und Kreativität stellen innerhalb der Begabungsforschung Aspekte dar, die mit besonderen Fähigkeiten verbunden werden. Innerhalb der Forschung wurde lange Zeit darüber gestritten, welche Aspekte vorhanden sein müssen, damit von einer Hochbegabung gesprochen werden kann. So definierte beispielsweise STERN (FEGER, 1988) die Intelligenz als allgemeine Begabung, während Talent als Sonderbegabung neben der Intelligenz stehen konnte. Auch in neueren Publikationen wird Talent als ein Aspekt innerhalb der Hochbegabung gesehen.

Ähnlich verhält sich die Kreativität zur Hochbegabung. CROPLEY (in WIECZER-KOWSKI, 1981) stellt dar, dass Intelligenz und Kreativität im Zusammenhang stehen. Intelligenz könne meist als Voraussetzung für besondere Kreativität gesehen werden.

Einen weiteren Streit innerhalb der Begabungsforschung stellt die Frage nach der Ursache einer Hochbegabung dar. Dabei kristallisieren sich zwei Positionen heraus. Eine Position meint, dass Hochbegabung erblich sei. JENSEN kann hier als ein Vertreter dieser Position genannt werden. Er belegt seine These unter anderem durch Intelligenztests an der afro-amerikanischen Bevölkerung der USA. Diese erzielten durchschnittlich geringere IQ-Werte, als die anglo-amerikanische Mittelschicht.

Gegen diese These wandten sich wiederum die Vertreter der Position, die Umweltbedingungen für die Entfaltung von Potentialen verantwortlich machen. Die afro-amerikanische Bevölkerung lebe in einer Umgebung, die wenig stimulierend auf die Kinder wirke. Dagegen habe die anglo-amerikanische Bevölkerung pädagogische Möglichkeiten in den Bildungseinrichtungen, um ihre Kinder früh zu fördern. Besondere Fähigkeiten würden hier Nährboden finden.

Im Laufe der Zeit ist die Fachwissenschaft zu dem Schluss gekommen, dass zwar gewisses Potential vorhanden sein muss, um von Hochbegabung sprechen zu können. Die Entfaltung dieses Potentials ist aber großenteils von den Umweltbedingungen abhängig. So kann auch Potential verloren gehen, wenn die Förderung ausbleibt. Dies bedeutet besondere Konsequenzen für die Bildungseinrichtungen. Wenn Potential nicht verloren gehen soll, dann muss eine spezielle Förderung durch die Bildungseinrichtungen bereits in der frühen Kindheit gegeben sein. Auch die Früherkennung von besonderen Fähigkeiten erhält dadurch eine wichtige Rolle.

Innerhalb dieser Arbeit konnte dargelegt werden, dass eine verbindliche Definition zur Hochbegabung nicht existiert. LUCITO (in FEGER, 1988) fasst die Fülle an Definition in sechs Kategorien zusammen. MÖNKS / YPENBURG (1998) nennen wiederum vier Modelle, nach denen eine Hochbegabung erkannt werden kann. Dabei reicht es aus, wenn ein Modell zutrifft. Bei manchen Personen können aber auch mehrere Modelle zusammenwirken.

Diese offenen Definitionen haben zum Vorteil, dass viele verschiedene Fähigkeiten erkannt werden können. Eine hochbegabte Person muss nicht festgelegte Kriterien erfüllen, um als solche erkannt zu werden. Da sich Potential durch viele Fähigkeiten bemerkbar machen kann, darf Hochbegabung nicht durch starre Definitionen eingeschränkt werden.

Trotz offener Definitionsmodelle gestaltet sich die Früherkennung von hochbegabten Kindern noch schwierig. Da Kinder noch nicht über ausreichend sprachliche und motorische Kompetenz verfügen, um ihre Fähigkeiten sichtbar zu machen oder um die herkömmlichen Testverfahren zu durchlaufen, müssen Alternativen gefunden werden. Im Hinblick auf die Notwendigkeit einer frühen Förderung des Potentials ist die frühe Erkennung, als auch Förderung hochbegabter Kinder wichtig. Daher gilt bereits für die Kindertagesstätten eine früh einsetzende Förderung, die auch den intellektuellen Bereich des Kindes betrifft. Hochbegabte Kinder sind entwicklungspsychologisch ihren Altersgenossen voraus. Daher dürfen die Erzieher nicht an vorgegebenen Entwicklungsmustern festhalten. Dem Bedürfnis der Kinder nach Materialien, die in der Regel erst im schulischen Bereich angeboten werden, sollte auch in der Kindertagesstätte nachgekommen werden. Hier kann keinesfalls von einer Überforderung gesprochen werden. Eine Förderung nach den Bedürfnissen des Kindes ist nicht nur im Hinblick zur Entfaltung des Potentials wichtig. Auch einer Unterforderung, die starke Frustration im Kind hervorruft, wird entgegengewirkt.

In der Grundschule sind differenzierte Förderangebote wichtig. Die Anpassung an den Klassendurchschnitt lässt vorhandenes Potential verkümmern und frustriert das Kind. Ständige Unterforderung schränkt den Aufbau der Lernmotivation des Kindes ein. Das Kind erfährt niemals die Grenzen seines Könnens. Somit bleiben auch die Erfolgserlebnisse aus, die das Kind durch Fleiß und Anstrengung erfahren würde.

Als Fördermaßnahmen innerhalb des Schulbereichs stellt das Überspringen eine bekannte Maßnahme dar. Obwohl vielerorts Kritik an dem Überspringen geübt wird, konnte HEINBOKEL (1996) keine Aspekte nennen, nach denen das Überspringen für ein hochbegabtes Kind mehr negative Konsequenzen hätte, als das Erleben von ständiger Unterforderung.

Die Kritik an der Steigerung der Lernanforderung bei hochbegabten Kinder spiegelt die gesellschaftliche Einstellung zum Thema Hochbegabung wieder. Eine falsch verstandene Chancengleichheit vereitelt hier die Möglichkeiten hochbegabter Kinder. Es kann nicht im Sinne einer demokratischen Gesellschaft sein, individuelle Fähigkeiten, zu Gunsten eines einheitlichen Levels, zu vereiteln. Außerdem kann die Gesellschaft selbst an der Förderung hochbegabter Kinder profitieren, wenn diese als Erwachsene ihre besonderen Fähigkeiten zum Wohle der Gesellschaft einsetzen. Die Förderung hochbegabter Kinder kann somit als Investition in die Zukunft verstanden werden.

Nachdem innerhalb dieser Arbeit der fachwissenschaftliche Anspruch dargelegt wurde, war ein Vergleich mit der bildungspolitischen Wirklichkeit innerhalb der Bundesrepublik wichtig. Dazu wurden zunächst die allgemeinen Bestimmungen für den Kindertagesstätten und Grundschulbereich näher untersucht.

Das KitaG in Rheinland-Pfalz befürwortet die einheitliche Förderung aller Kinder. Dabei solle sowohl der soziale und seelische, als auch der geistige Bereich des Kindes berücksichtigt werden. Auch wurde der Einsatz von Fördermaterialien nicht eingeschränkt. Das Angebot habe sich an den Bedürfnissen des Kindes zu orientieren.

Auch die Leitlinien der Grundschule betonen differenzierte Unterrichtsangebote. Individuelles Potential sollte innerhalb des Unterrichts, aber auch durch besonderer AGs aufgefangen werden. Obwohl beide Richtlinien eine gute Basis geben, um individuell zu fördern, kann doch kein ausdrücklicher Hinweis auf die besondere Förderung hochbegabter Kinder gefunden werden. Dagegen wird die Berücksichtigung lernschwacher Kinder genannt.

In einer Studie innerhalb der Kindertagesstätten und Grundschulen sollte dann gezeigt werden, ob die bestehenden pädagogischen Konzepte für die Förderung hochbegabter Kinder geeignet sind. Die Ergebnisse zeigten, dass zwischen dem fachwissenschaftlichen Anspruch und der bildungspolitischen Wirklichkeit eine große Differenz besteht. Die Pädagogen fühlten sich sehr unvorbereitet auf den Umgang mit hochbegabten Kindern. Demzufolge waren spezielle Fördermaßnahmen nur unzulänglich bekannt und wurden noch seltener umgesetzt.

Dem innerhalb dieser Arbeit dargestellten fachwissenschaftlichen Anspruch wird die bildungspolitische Wirklichkeit an bundesdeutschen Bildungseinrichtungen nicht gerecht. Weder innerhalb der gesetzlichen Verordnungen, noch nach Aussagen der Pädagogen innerhalb der durchgeführten Studie, ist ein Konzept zur Früherkennung besonderer Fähigkeiten zu erkennen. Auch existieren innerhalb der Bildungseinrichtungen keine pädagogischen Konzepte, die gezielt zur Förderung hochbegabter Kinder eingesetzt werden.

Dennoch betont die Bundesregierung in einer Stellungnahme nach Anfrage der CDU-Fraktion die guten Voraussetzungen in bundesdeutschen Bildungseinrichtungen zur Förderung hochbegabter Kinder. Diese Ausführungen fanden nur sehr selten Übereinstimmungen mit den Ergebnissen der Studie. Die Bundesrepublik kann in Bezug zur Hochbegabtenförderung auf internationaler Ebene als Entwicklungsland bezeichnet werden. Dies zeigte auch ein direkter Vergleich mit dem Bildungssystem der Länder, die innerhalb internationaler Schülerwettbewerbe die besten Platzierungen erlangten. Diese Länder verfügen über adäquate Maßnahmen, um Hochbegabungen so früh wie möglich zu erkennen und zu fördern. Die Ausführungen über die Hochbegabtenförderung auf internationaler Ebene verdeutlichten noch einmal, wie weit die Bundesrepublik in der Praxis vom fachwissenschaftlichen Anspruch entfernt ist.

Abschließend kann als Ergebnis dieser Diplomarbeit dargelegt werden, dass hochbegabte Kinder durchaus an bundesdeutschen Bildungseinrichtungen registriert sind. Aus der Studie konnte außerdem die mehrheitliche Bereitschaft der Pädagogen zur besonderen Förderung dieser Kinder erkannt werden. Leider zeigten die Studien anschließend, dass allein der gute Wille nicht ausreicht, um hochbegabten Kindern adäquate Fördermaßnahmen zu kommen zu lassen. Nur die wenigsten Pädagogen kannten Förderkonzepte für hochbegabte Kinder. Demzufolge wurden auch nur wenigen hochbegabten Kindern innerhalb der Studie diese Förderkonzepte zuteil.

Im Vergleich zu anderen Ländern besitzt die Bundesrepublik keine einheitlichen Konzepte zur Erfassung und Förderung hochbegabter Kinder. Wie ein hochbegabtes Kind in der Kindertagesstätte oder der Grundschule aufgefangen wird, ist somit von der Institution, wenn nicht gar von den jeweiligen Pädagogen, abhängig. Eine Institution, deren pädagogisches Konzept weitgehend durch gruppenübergreifende Angebote bzw. durch freie Unterrichtsgestaltung bestimmt wird, kann individuelle Potentialien leicht auffangen. Ebenso wird ein hochbegabtes Kind von einem Pädagogen mit Erfahrungen auf dem Gebiet der Hochbegabung eher erkannt und gefördert werden können, als durch einen Pädagogen, der in dieser Hinsicht weitgehend unbekanntes Terrain beschreitet. Somit ist die flächendeckende Förderung hochbegabter Kinder an bundesdeutschen Bildungseinrichtungen nicht gewährleistet. Auch das Niveau dieser Förderung ist von den jeweiligen Institutionen abhängig.

In der Bundesrepublik sind somit in Bezug zur Hochbegabtenförderung politische Konsequenzen notwendig. Aus den Studien ist ersichtlich, dass der Bedarf an gewissen Richtlinien zum Umgang mit hochbegabten Kindern in den Bildungseinrichtungen durchaus besteht. Sowohl das Klientel, als auch die Sensibilität der Pädagogen ist vorhanden. Einzig ein einheitliches bildungspolitisches Konzept fehlt, dass eine adäqate Förderung hochbegabter Kinder gewährleistet.

Dabei ist ein gewisser Spielraum zur Förderung verschiedener Potentialien durch das KitaG und den Leitlinien für die Grundschule schon gegeben, wie innerhalb dieser Arbeit gesehen werden konnte. Die Nutzung dieses Spielraums zur Förderung hochbegabter Kinder durch die Pädagogen ist aber nicht gewährleistet. Hier müssten die Pädagogen in ihrer Erstaubildung oder durch Weiterbildung verstärkt auf die Problematik Hochbegabter vorbereitet werden. Wichtig ist hierzu, besondere Begabungsaspekte miteinzubeziehen, die nicht immer einheitlich bei allen hochbegabten Kindern auftreten, wie besondere Talente oder die Kreativität. So können individuelle Bedürfnisse hochbegabter Kinder Berücksichtigung finden.

Des Weiteren müssten die Pädagogen verstärkt über alternative Förderkonzepte aufgeklärt werden. Es konnte innerhalb dieser Arbeit dargelegt werden, dass viele Pädagogen kaum besondere Fördermaßnahmen kannten. Andererseits werden besondere Fördermaßnahmen von den Eltern hochbegabter Kinder erwünscht. Hier entsteht dann mitunter ein Spannungsfeld. Die Pädagogen stehen vor einer neuen Situation, deren Vor- und Nachteile sie nicht vollständig abschätzen können. Obwohl HEINBOKEL (1996) betont, dass mit besonderen Fördermaßnahmen, wie dem Überspringen, kaum Nachteile für das Kind verbunden sind, verliefen die Aussagen der Pädagogen weitgehend in eine andere Richtung. Nach Aussagen der Pädagogen war das Überspringen einer Klasse meist mit Nachteilen für die Kinder verbunden.

Dies ist m.E. auf unzureichende Kenntnis der Pädagogen bezüglich der Fördermaßnahmen zurück zuführen. Jeder Mensch steht einer ungewohnten Situation zunächst skeptisch gegenüber. So kann es deshalb sein, dass manche Pädagogen den Fördermaßnahmen, wie das Überspringen, mit Vorbehalt entgegentreten. Hier kommt es dann zu den „sich selbst erfüllenden Prophezeiungen", die innerhalb dieser Arbeit beschrieben worden sind.

Zum Anderen sind nicht alle Fördermaßnahmen gleichsam für jedes hochbegabte Kind geeignet. So hat innerhalb der für die Studie relevanten Einrichtungen ein hochbegabtes Kind übersprungen, dass vielleicht (noch) nicht für diesen Schritt bereit war. Die zu betreuenden Pädagogen verfügten jedoch nicht über genügend Fachwissen zum Thema Hochbegabung, um die Konsequenzen des Überspringens für das Kind im Vorfeld abzuwiegen. Ausreichende Fachkenntnis der Pädagogen ist für eine adäquate Förderung also unerlässlich.

Neben gesetzlich verankerten Fördermaßnahmen und fachlich vorbereiteten Pädagogen ist aber auch die gesellschaftliche Auffassung von der Erziehung und Bildung der Kinder von Bedeutung. Um individuelles Potential zu fördern ist es wichtig, dass die Individualität der Kinder berücksichtigt wird. Kinder sollten nicht an vorgegebenen Entwicklungstabellen oder gar am entwicklungspsychologischen Stand ihrer Altersgenossen gemessen werden. Auch kollektive Unterrichtsmethoden, die besondere Fähigkeiten zur Anpassung zwingen, sind nicht zur Entfaltung der Individualität geeignet. Leider scheinen gerade diese Erziehungmethoden in der Bundesrepublik praktiziert zu werden.

Dabei ist es eigentlich im politischen Sinne eines demokratischen Landes Individualität zu fördern. Besonders die Förderung hochbegabter Kinder kann sich positiv auf die Zukunft des Landes auswirken, wie in dieser Arbeit dargestellt worden ist. Außerdem geschieht die Förderung hochbegabter Kinder nicht auf Kosten lernschwacher Kinder. Die Berücksichtigung individueller Fähigkeiten würde sogar lernschwachen Kindern zugute kommen.

Die Bundesrepublik hat also durchaus eine Basis geschaffen, um hochbegabte Kinder aufzufangen und zu fördern. Die Bildungspolitik gibt genügend Spielraum zur individuellen Förderung, die Pädagogen registrieren hochbegabte Kinder und die demokratische Verfassung respektiert die Individualität der Bürger. Nun scheint es aber auch an der Zeit, diese Basis zu nutzen und adäquate Förderkonzepte anzusetzen, damit die Förderung hochbegabter Kinder nicht mehr nur von den jeweiligen Rahmenbedingungen abhängig ist, die das Kind vorfindet.

Literaturverzeichnis

Bildung und Begabung e.V. (Hrsg.), „The German Teams at the International Mathematical Olympiads 1959 - 1998", Verlag Bock, Bad Honnef, 1999

Bortz, Jürgen: „Statistik für Sozialwissenschaftler", 4. Auflage, Springer-Verlag, Berlin / Heidelberg / New York, 1993

Bundesministerium für Familie, Senioren, Frauen und Jugend: „Kinder- und Jugendhilfegsetz (Achtes Buch Sozialgesetzbuch), Bonn, 1997

Bundesministerium für Familie, Senioren, Frauen und Jugend: „Zehnter Kinder- und Jugendbericht", Bonn, 1998

Bundesministerium für Bildung und Wissenschaft (Hrsg.): „Hochbegabtenerziehung weltweit", Bock-Verlag, Bad Honnef, 1984

Bundesministerium für Bildung und Forschung (Hrsg.): „Begabte Kinder finden und fördern", Bonn, 1999

Eggert, D. / Wegner-Blesin, N.: „DITKA - diagnostisches Inventar taktil kinästhetischer Alltagshandlungen von Kindern im Vor- und Grundschulalter", borgmann publishing, Dortmund, 2000

Ewers, Michael: „Begabungstheorie, Gesellschaft und Erziehung", Haag & Herchen, Frankfurt a.M., 1978

Feger, Barbara: „Hochbegabung - Chancen und Probleme", Verlag Hans Huber, Bern / Stuttgart / Toronto, 1988

Feger, B. / Prado, T. M.: „Hochbegabung - Die normalste Sache der Welt", Primus Verlag, Darmstadt, 1998

Fels, Christian: „Identifikation und Förderung Hochbegabter in den Schulen der Bundesrepublik" Verlag Haupt, Bonn, 1999

Gardner, Howard: „Abschied vom IQ. Die Rahmen-Theorie der vielfachen Intelligenzen", Klett-Cotta, Stuttgart, 1991

Heinbokel, Annette: „Überspringen von Klassen", Individuum - Schule - Gesellschaft, Bd. 1, LIT Verlag, Münster, 1996

Heinbokel, Annette: „Hochbegabte", Individuum - Schule - Gesellschaft, Bd. 2, LIT Verlag, 2001

Heitzer, Manfred: „Hochbegabte in unserem Bildungssystem", Internationaler Arbeitskreis Sonnenberg, Braunschweig, 1984

Helle, H. J.: „Verstehende Soziologie und Theorie der Symbolischen Interaktion", Teubner-Verlag, Stuttgart, 1977

Holling, H. / Kamming, U.: „Hochbegabung", Hogrefe Verlag für Psychologie, Göttingen, 1999

Horstkemper, M.: „Schule, Geschlecht und Selbstvertrauen", Juventa Verlag, Weinheim, 1995

Kaschade, H. J.: „Die Integration Behinderter- eine gesellschaftliche Herausforderung", Waxmann Verlag, Münster / New York, 1993

Kramer, Rita: „Maria Montessori - Biographie", Kindler Verlag, München, 1977

Kraus, Josef: „Spass Pädagogik. Sackgassen deutscher Schulpolitik", Universitas Verlag, München, 1998

Krenz, Armin: „Der situationsorientierte Ansatz im Kindergarten", Herder Verlag, Freiburg / Basel / Wien, 1995

Kultusministerium Rheinland-Pfalz: „Leitlinien für die Arbeit in der Grundschule", Sommer Verlag für das Schulwesen, Grünstadt

Lippitz W. / Meyer-Drawe K.: „Kind und Welt - Phänomenologische Studien zur Pädagogik", Athenäum-Verlag, Frankfurt a. M., 1989

Mehlhorn, H. G. / Urban K. K.: „Hochbegabtenförderung international", Deutscher Verlag der Wissenschaften, Berlin, 1989

Ministerium für Kultur, Jugend, Familie und Frauen: „Kindertagesstättengesetz Rheinland-Pfalz", Mainz, 1999

Montessori, Maria: „Das kreative Kind", Herder Verlag, Freiburg / Basel / Wien, 1972

Mönks, F. J.: „Montessori-Pädagogik und die Begabtenförderung", in **Haberl (Hrsg.):** „Montessori und die Defizite der Regelschule", Herder Verlag, Freiburg / Basel / Wien, 1993

Mönks, F.J. / Ypenburg I. H.: „Unser Kind ist hochbegabt", Ernst-Reinhardt Verlag, München / Basel, 1998

Oerter, Rolf: „Entwicklungspsychologie", Verlag Beltz, Weinheim, 1995

Roth, E.: „Sozialwissenschaftliche Methode", Universitas, München, 1989

Schulz, Ellen: „Ungenutzte Begabungsreserven", Verlag Beltz, Weinheim / Berlin / Basel, 1969

Selig, Katja: „Intelligenzbegabte brauchen Chancen" Verlag Humanes Lernen, Viersen, 1999

Smutney, Joan F. (Hrsg.): „The young gifted child: Potential and promise. An Anthology", Hampton Press, Inc. Cresskill, New Jersey, 1998

Steinhausen, H. Chr. (Hrsg.): „Handbuch Verhaltenstherapie und Verhaltensmedizin bei Kindern und Jugendlichen", Verlag Beltz, Weinheim, 1999

Tietze, I. / Tewes, U.: „Messung der Intelligenz bei Kindern mit dem HAWIK-R", Hans Huber Verlag, Bern / Stuttgart / Toronto, 1987

Ullrich, Heiner: „Das Kind als schöpferischer Ursprung", Klinkhardt Verlag, Mainz, 1999

Urban, K. K.: „Hochbegabte Kinder", HVA / Edition Schindele, Heidelberg, 1982

Urban, K. K.: „Besonders begabte Kinder im Vorschulalter", HVA / Edition Schindele, Heidelberg, 1990

Urban, K. K.: „Begabungsförderung in der Schule", Klausur-Verlag, Ed. ABB, Rodenberg, 1998

Webb, J. T. / Mechstroth, E. A. / Tolan, S. S.: „Hochbegabte Kinder, ihre Eltern, ihre Lehrer", Verlag Hans Huber, Bern / Göttingen / Toronto / Seattle, 1998

Weinert, F. & Wagner, H.: „Die Förderung Hochbegabter in der BRD: Probleme, Positionen, Perspektiven", Bock Verlag, Bad Honnef, 1987

Werner, Thomas: „Mein Kind ist hochbegabt", Econ & List Taschenbuch Verlag, München, 1999

Wieczerkowski, W. / Wagner, H. (Hrsg.): „Das hochbegabte Kind", Pädagogischer Verlag Schwann, Düsseldorf, 1981

Winner, Ellen: „Hochbegabte. Mythen und Realitäten von außergewöhnlichen Kindern", Klett-Cotta, Stuttgart, 1998

Zimbardo, Ph. G.: „Psychologie", Springer-Verlag, Berlin, 1995

Zimmer, D. E.: „So kommt der Mensch zur Sprache", Wilhelm Heyne Verlag, München, 1986

Cand. Dipl. Pädagogin
Yvonne Kossmann
Frankenstr. 18, 56642 Kruft

Universität Koblenz-Landau
Abt. Koblenz

Betr.: Recherchen zur Diplomarbeit „Hochbegabte Kinder in Kindertagesstätten und Grundschulen - verkannt und vernachlässigt, umworben und gefördert"

Fragen an die Erzieher und Lehrer im Vor- und Grundschulbereich

Bezeichnung der Einrichtung: 0 Kindertagesstätte   0 Grundschule

Dienstjahre des Erziehers / Lehrers: _____

1. Haben Sie während Ihrer Berufstätigkeit schon einmal ein hochbegabtes Kind angetroffen ?

     0 ja   0 nein

1.1 Wenn ja, wie wurde Ihnen die Hochbegabung bekannt gemacht ?
(es können mehrere Antworten angekreuzt werden)

     0 durch die Eltern   0 durch eigene Wahrnehmung und Erkenntnis
     0 durch andere Erzieher / Lehrer   0 durch qualifizierte und / oder amtliche Diagnostiken
     0 sonstiges _____

2. Sehen Sie in der Hochbegabtenförderung eine besondere Verantwortung für Ihre Arbeit ?

     0 ja   0 nein

2.1 Sehen Sie sich für die Arbeit mit hochbegabten Kindern angemessen informiert ?

     0 ja   0 nein

2.2 Wenn ja, woher haben Sie Ihr Wissen bezogen ?

0 Erstausbildung	0 berufliche Förderung / Weiterbildung
0 Kontakte mit einschlägigen Eltern- bzw. Fachverbänden	0 eigene Studien
0 sonstiges _____	

2.3 Sind Ihnen Anlaufstellen bekannt, um sich zum Thema Hochbegabung zu informieren ?

     0 ja   0 nein

     Wenn ja, welche ? _____

3. Welche Fördermaßnahmen für hochbegabte Kinder kennen Sie ?

_____

_____

3.1 Konnten Sie selbst schon Erfahrungen mit diesen Fördermaßnahmen machen ?

      0 ja   0 nein

3.2 Wie beurteilen Sie die Steigerung der Lernanforderungen an hochbegabten Kindern gegenüber den Normalanforderungen (z.B. frühzeitiges Lesenlernen, Überspringen einer Klasse) ?

      0 positiv   0 negativ

Bitte begründen Sie Ihre Antwort: _____

_____

_____

Fragen zur aktuellen Situation hochbegabter Kinder in Kindertagesstätten und Grundschulen

1. Bitte kreuzen Sie die Eigenschaften an, die auf die bereits als hochbegabt identifizierten Kinder in Ihrer Gruppe / Klasse zutreffen

   0 wirkt entwicklungspsychologisch, im Vergleich zu Altersgenossen, weit fortgeschritten
   0 ist schnell frustriert und aggressiv
   0 reagiert sensibel auf Lob und Tadel
   0 ist schwer zu motivieren
   0 ist eher aus der Gemeinschaft ausgeschlossen
   0 nimmt innerhalb der Klassen- / Gruppengemeinschaft eine Führungsrolle ein
   0 kommt nicht gerne zur Kindertagesstätte / Schule
   0 mimt gerne den Klassenclown
   0 wirkt oft geistesabwesend und / oder gelangweilt
   0 beteiligt sich nur wenig am Gruppen- / Unterrichtsgeschehen
   0 hinterfragt gerne Normen und Regeln
   0 das Verhältnis zum Erzieher / Lehrer ist meist angespannt
   0 zeichnet sich durch unkonventionelle Lösungswege aus
   0 zeichnet sich durch häufige Zwischenfragen aus
   0 insgesamt scheinen Leistungen und Potential nicht übereinzustimmen

2. Welche speziellen Fördermaßnahmen erhielt das Kind?

   _____
   _____
   _____

3. Schildern Sie bitte kurz Ihre positiven und / oder negativen Erfahrungen mit diesen Fördermaßnahmen:

   _____
   _____
   _____
   _____
   _____

LANDTAG RHEINLAND-PFALZ
13. Wahlperiode

Anhang 2

Drucksache 13/**5368**
zu Drucksache 13/5104
27. 01. 2000

Antwort

des Ministeriums für Bildung, Wissenschaft und Weiterbildung

auf die Große Anfrage der Fraktion der CDU
– Drucksache 13/5104 –

Hochbegabtenförderung in Rheinland-Pfalz

Die Große Anfrage vom 14. Dezember 1999 hat folgenden Wortlaut:

Hoch Begabte werden in der Bundesrepublik immer noch in unzureichender Weise gefördert. Das Problem beginnt bereits damit, dass eine Hochbegabung sehr oft gar nicht erkannt wird, da die Lehrkräfte während ihrer Aus- bzw. Fortbildungszeit nicht ausreichend für das Phänomen „Hochbegabung" sensibilisiert wurden. Doch selbst wenn eine Hochbegabung festgestellt ist, wird fast immer auf eine spezielle Förderung des bzw. der hoch Begabten verzichtet, in dem Glauben, dieses Kind hätte eine besondere Betreuung aufgrund seiner überdurchschnittlichen Intelligenz überhaupt nicht nötig. Das Gegenteil ist richtig. Gerade weil hoch Begabte überdurchschnittliche intellektuelle Fähigkeiten besitzen, muss der Staat dafür Sorge tragen, dass sie ihrem geistigen Potential entsprechend angemessen intellektuell gefordert und gefördert werden. Geschieht dies nicht, tritt eine Unterforderung der hoch Begabten ein, die häufig zu schlimmen Lern- und Verhaltensschwierigkeiten führt und schwerste psychische Schäden nach sich ziehen kann. Genauso wie es lernbehinderten oder unterdurchschnittlich intellektuell begabten Menschen nicht zugemutet wird, das Lerntempo von Normalbegabten zu erreichen, sollte auch den hoch Begabten nicht zugemutet werden, sich dem sie unterfordernden Niveau ihrer normal begabten Klassenkameraden anpassen zu müssen. Gemeinsam ist sowohl den hoch Begabten als auch den schwächer Begabten der Bedarf an einer ihren Fähigkeiten entsprechenden Förderung. Der Unterschied ist, dass diese Erkenntnis im Hinblick auf die hoch Begabten noch nicht gesellschaftlicher Konsens ist und die Betroffenen weiterhin auf eine adäquate Hochbegabtenförderung warten müssen.

Wir fragen die Landesregierung:

1. Wer stellt anhand welcher Kriterien bzw. Tests eine Hochbegabung fest?
1.1 Wie viele Schülerinnen und Schüler werden seit 1990 jährlich auf Hochbegabung geprüft? Bei wie vielen wurde seit 1990 eine Hochbegabung festgestellt, bitte aufgeschlüsselt nach Jahren?
2. Welche Voraussetzungen zur frühzeitigen Diagnose von Hochbegabung sind an rheinland-pfälzischen Kindergärten bzw. Grundschulen gegeben?
3. Inwieweit werden Erzieher bzw. Lehrer in Rheinland-Pfalz während ihrer Aus- bzw. Fortbildung für den Umgang mit hoch begabten Kindern sensibilisiert bzw. geschult?
4. Wie viele Schulpsychologen gibt es in Rheinland-Pfalz?
4.1 Für wie viele Jugendliche steht jeweils ein Schulpsychologe zur Verfügung?
5. Erhalten hoch begabte Kinder in Rheinland-Pfalz eine differenzierte Betreuung im Sinne einer Begabtenpädagogik (als Pendant zur Sonderpädagogik)?
6. Wie viele spezielle Beratungsstellen stehen den Eltern von hoch begabten Kindern in Rheinland-Pfalz zur Verfügung?
7. Welche Schulen in Rheinland-Pfalz fördern durch welche Maßnahmen insbesondere hoch Begabte?
8. Welche Gymnasien in Rheinland-Pfalz setzen Schwerpunkte mit vertiefter Ausbildung im mathematisch-naturwissenschaftlichen bzw. (fremd-)sprachlichen Bereich?

9. An welchen rheinland-pfälzischen Schulen gibt es Spezialklassen, die besonders begabten Schülern vorbehalten sind?
10. An welchen Schulen gibt es spezielle Arbeitsgemeinschaften für besonders befähigte Schüler?
11. Besteht an rheinland-pfälzischen Schulen die Möglichkeit unterrichtsbegleitender und praxisbezogener Zusammenarbeit von besonders befähigten Schülern mit Institutionen wie z. B. Universitäten oder Unternehmen? Wenn ja, an welchen Schulen mit welchen Universitäten und Unternehmen?
12. Welche Landeswettbewerbe, z. B. für Mathematik, Naturwissenschaften, deutsche Sprache und Literatur etc. gibt es in Rheinland-Pfalz speziell für hoch Begabte?
13. Welche Landeswettbewerbe für besonders Begabte werden zurzeit durchgeführt?
13.1 Wie hat sich die Teilnehmerzahl an solchen Wettbewerben seit 1980 entwickelt, bitte nach Schuljahren aufgegliedert?
14. Welche Erfolge bzw. Platzierungen konnten rheinland-pfälzische Schülerinnen und Schüler bei der Teilnahme an länderübergreifenden Wettbewerben seit 1980 erzielen, bitte gegliedert nach Schuljahren, Anzahl der jeweiligen Teilnehmer und Platzierungen?
15. Stellt das Land Rheinland-Pfalz besonders begabten und bedürftigen rheinland-pfälzischen Abiturienten Stipendien zur Verfügung, um diesen ein erfolgreiches Hochschulstudium zu ermöglichen? Wenn ja, wie hat sich die Zahl der Geförderten seit 1990 entwickelt, bitte nach Jahren aufgegliedert?
16. Wie steht die Landesregierung zu folgenden Vorschlägen:
    a) Frühere Einschulung von hoch begabten Kindern?
    b) Jahrgangsübergreifende Lerngruppen zur Förderung besonders begabter Kinder?
    c) Innenunterrichtliche Maßnahmen im Rahmen der Differenzierung und Individualisierung (sog. „Binnendifferenzierung")?
    d) Gasthörerschaft von hoch begabten Schülerinnen und Schülern an Universitäten?
17. Welche Voraussetzungen müssen vorliegen, damit ein Kind an einer rheinland-pfälzischen Schule eine Klasse überspringen darf?
18. Wie vielen Schülern wurde dies seit 1991 ermöglicht (nach Jahrgängen und Schularten differenziert)?
19. Erhalten hoch begabte Kinder in Rheinland-Pfalz die Möglichkeit einer Hospitation in der nächsthöheren Schulklasse, um ihnen das Überspringen und das Einfügen in den neuen Klassenverband zu erleichtern?
20. Wie viele Landeskinder wurden bzw. werden in welchen Hochbegabtenklassen bzw. -schulen in anderen Bundesländern seit 1991 beschult (nach Jahrgängen differenziert)?

Das Ministerium für Bildung, Wissenschaft und Weiterbildung hat die Große Anfrage namens der Landesregierung - Zuleitungsschreiben des Chefs der Staatskanzlei vom 27. Januar 2000 - wie folgt beantwortet:

Wenn man sich die Identifizierung und Förderung von Begabten zur Aufgabe macht, muss man zunächst einmal festlegen, was unter Begabung verstanden werden soll.

Während in der englischen Sprache eine Vielzahl von Begriffen für dieses Phänomen benutzt wird, hat sich im deutschen Sprachraum, nachdem Bezeichnungen wie „Wunderkind" und „Genie" weitgehend verschwunden sind, mit den Begriffen „besondere Begabung" und „Hochbegabung" eine relativ einheitliche Sprachregelung herausgebildet. Es gibt in der einschlägigen Literatur auch mehr als 100 Erklärungen dieser Begriffe. Eine allgemein anerkannte Definition von Hochbegabung oder besonderer Begabung existiert allerdings bis heute nicht.

Begabungen und Begabte sind äußerst heterogen. Neben eher intellektuell-kognitiv ausgerichteten Begabungsfeldern sind z. B. auch musisch-künstlerische, praktische und soziale Begabungen zu berücksichtigen. Das bedeutet unter anderem, dass besonders begabte Schülerinnen und Schüler in allen Schularten zu finden sind und dass deshalb Angebote zur Begabtenförderung für alle Schulen erforderlich sind. Es bedeutet ferner, dass diese Angebote vielfältig sein müssen.

Ein Problem liegt darin, dass zwar viele hoch begabte Kinder auch gute Schülerinnen und Schüler sind, dass aber der Schulerfolg allein kein ausreichendes Kriterium für eine besondere Begabung darstellt. Nicht alle Begabungen „passen" von ihrer Struktur her in die Anforderungen der Schulfächer. Erschwerend kommt hinzu, dass eine ausgeprägt eigenständige, nicht selten sogar eigenwillige Persönlichkeit für besonders Begabte geradezu charakteristisch ist. Zu einer besonderen Begabung gehören viele verschiedene Facetten, wie z. B. ein individuelles Potenzial an überdurchschnittlichen Fähigkeiten, Kreativität und Aufgabenmotivation, aber auch die Entwicklung dieser Fähigkeiten durch Anregung aus der Umwelt.

Dies erschwert es Lehrkräften und manchmal auch Eltern, besondere Begabungen rechtzeitig zu erkennen. Zwar ist das gesellschaftliche Bewusstsein für die Notwendigkeit der Begabtenförderung eine wichtige Voraussetzung. Aber es reicht keinesfalls aus.

Um die unterschiedlichen Begabungen von Kindern rechtzeitig identifizieren zu können, bedarf es vielmehr eines differenzierten Instrumentariums.

Aber es bedarf natürlich auch der Menschen, die dieses Instrumentarium kompetent anzuwenden vermögen. Aus der historischen Entwicklung ist es verständlich, wenn in diesem Zusammenhang immer wieder darauf hingewiesen wird, dass schulische Leistungen, ebenso wie Intelligenztests, allein kein ausreichendes Kriterium darstellen.

Wenn man die Komplexität des Begabungsbegriffs und die vielfältigen Formen, in denen sich Begabung äußern kann, bedenkt, dann ergibt sich daraus fast zwangsläufig die Erkenntnis, dass nur in wenigen Fällen Begabung von einer Person oder Institution allein mit ausreichender Sicherheit erkannt werden kann. Um Begabungen bei Kindern rechtzeitig entdecken zu können, bedarf es vielmehr der engen und vertrauensvollen Zusammenarbeit all derer, die einen Erziehungsauftrag wahrnehmen und zur Entwicklung des Kindes beitragen.

Ein weiteres Problem ergibt sich aus der Frage, auf welche Weise begabte Schülerinnen und Schüler am wirksamsten gefördert werden können. Im Prinzip stehen sich drei unterschiedliche Förderkonzepte gegenüber, die alle ihre spezifischen Vor- und Nachteile haben. Das Erste ist das so genannte Separierung besonders Begabter, das heißt die Einrichtung spezieller Schulen, Klassen oder Kurse. Das Zweite ist das Modell des so genannten Enrichment, der Anreicherung. Begabten werden umfangreichere und vielfältigere Lerngelegenheiten und Lernanreize, anspruchsvollere Leistungsherausforderungen angeboten. Das Dritte schließlich ist die so genannte Akzeleration, d. h. die Möglichkeit, bestimmte Entwicklungen und Lernprozesse schneller zu durchlaufen.

Nach Ansicht der Landesregierung verbietet die Vielfalt der Begabungen die Festlegung auf eine einzige Förderkonzeption. Mischformen sowie das Angebot verschiedener Konzepte nebeneinander dürften am ehesten angemessen sein.

So gibt es in Rheinland-Pfalz erfolgreiche Maßnahmen der Begabtenförderung, die vorrangig auf einer gewissen Separation beruhen, daneben aber auch Enrichment- und Akzelerationsprogramme. Allerdings ist keines der Konzepte in Reinform verwirklicht. So geht beispielsweise die Separation fast immer mit einem gewissen Enrichment einher, Akzeleration schließt meist eine partielle Separation und gewisse Aspekte von Enrichment mit ein.

Dies vorausgeschickt, beantworte ich die Einzelfragen wie folgt:

1. Wer stellt anhand welcher Kriterien bzw. Tests eine Hochbegabung fest?

Auf die Vorbemerkung wird verwiesen. Bei der Definition von Hochbegabung spielt die Intelligenz, erfasst mit Hilfe von Intelligenztests, eine wichtige Rolle. Hinzu tritt allerdings das Konzept der Kreativität. Da die Frage, was die Hochbegabung ausmacht, immer wesentlich durch den Hintergrund einer Kultur, durch Werte und Einstellungen, durch Organisationsstrukturen (z. B. des Schulsystems) bestimmt wird, gibt es keine allgemein verbindliche Definition von Hochbegabung. Für die schulpsychologische Praxis bedeutet dies, dass weder Klarheit bei der Definition von Kriterien zur Hochbegabung besteht, noch ein geeignetes Testverfahren zur Verfügung steht, das eine solche Diagnose zweifelsfrei zulässt. Um den einzelnen Schülerinnen und Schülern gerecht zu werden, sind vielmehr individuelle Vorgehensweisen erforderlich.

1.1 Wie viele Schülerinnen und Schüler werden seit 1990 jährlich auf Hochbegabung geprüft? Bei wie vielen wurde seit 1990 eine Hochbegabung festgestellt, bitte aufgeschlüsselt nach Jahren?

Auf Grund der oben dargelegten mangelnden Kriterien und Definitionsklarheit werden seitens des schulpsychologischen Dienstes des Landes hierzu keine Statistiken geführt.

Melden Eltern oder Lehrerinnen und Lehrer Kinder zur Untersuchung auf vermeintliche Hochbegabung an, werden in der Regel Intelligenztests mit den Schülerinnen und Schülern durchgeführt. Diese werden z. B. ergänzt durch Gespräche, um Begabungsstruktur und Lernverhalten besser einschätzen zu können. Darüber hinaus werden die Eltern solcher Schülerinnen und Schüler durch den schulpsychologischen Dienst beraten.

2. Welche Voraussetzungen zur frühzeitigen Diagnose von Hochbegabung sind an rheinland-pfälzischen Kindergärten bzw. Grundschulen gegeben?

Im Gegensatz zum schulischen Bereich gibt es in Kindertagesstätten keinen Lehrplan und keine altershomogenen Gruppen. Kindergartengruppen sind altersgemischt. Durch eine differenzierte Erziehungsarbeit soll die körperliche, geistige und seelische Entwicklung des Kindes angeregt werden. Ziel der Erziehung und Bildung im Kindergarten ist es außerdem, die Entwicklung der Kinder zu eigenverantwortlichen und gemeinschaftsfähigen Menschen zu fördern.

Die pädagogische Grundlage dafür ist in der Regel der Situationsansatz, der von einem vorwiegend handlungs-, erfahrungs- und erlebnisbezogenen Lernen des Kindes ausgeht. Die pädagogischen Angebote werden ganzheitlich und aus der jeweiligen Situation der Kinder entwickelt. Hierbei soll insbesondere auch den unterschiedlichen intellektuellen Fähigkeiten der Kinder in pädagogisch sinnvoller Weise Rechnung getragen und diesen in der Vielfalt ihrer Begabungen unterstützend und entwicklungsfördernd zur Seite gestanden werden.

Die Situation des Grundschulunterrichts ist dadurch gekennzeichnet, dass die Grundschule Kinder mit allen Begabungshöhen, mit allen Lernschwierigkeiten und Auffassungsformen sowie Kinder mit Defiziten und Lernschwächen aufnimmt. Deshalb können eine Grundschulklasse sowohl hoch begabte Kinder wie auch lese- und rechtschreibschwache als auch verhaltensgestörte Kinder besuchen. Es ist also nicht nur „das hoch begabte Kind", auf das sich die Grundschule einstellen muss, es ist vielmehr die breite Skala der Befähigungen, die beachtet werden muss und die eine „kindorientierte" Unterrichtsgestaltung erforderlich macht.

Die rechtzeitige und zuverlässige Erkennung von hoch begabten Kindern stellt ein besonderes Problem dar. Der Notendurchschnitt ist kein eindeutiges Anzeichen für eine Hochbegabung. Gute bis sehr gute Leistungen können durchaus auch von nicht hoch begabten Kindern bei hoher Leistungsmotivation erbracht werden.

Dem rechtzeitigen Erkennen von Hochbegabung kommt eine große Bedeutung zu, denn bei Vernachlässigung der geistigen Bedürfnisse dieser Kinder droht eine Störung der Entwicklung der Gesamtpersönlichkeit. Gerade in der Grundschule könnte als Folge lang anhaltender zu niedriger Anforderungen kein adäquates Lernen und Arbeitsverhalten ausgebildet werden. Aus diesen Gründen fordern die Leitlinien für die Arbeit in der Grundschule einen kindgemäßen Unterricht. Die Vermittlung grundlegender Fertigkeiten, Kenntnisse und Fähigkeiten ist zentrale Aufgabe der Grundschule.

Sie hat dabei die unterschiedlichen Lernvoraussetzungen und Lernfähigkeiten der Kinder zu berücksichtigen, ihnen durch Differenzierung zu entsprechen und tragfähige Fundamente für das Lernen des Kindes zu legen.

Diese differenzierende Beobachtung und Förderung von einzelnen Kindern bietet ebenso Möglichkeiten der frühzeitigen Erkenntnis über gute oder besonders ausgeprägte Begabungen wie ein individualisiertes Unterrichtsangebot, das auf die besonderen Fähigkeiten von Kindern eingeht, wobei nicht nur der vorgesehene Lernstoff als Beurteilungskriterium dienen kann, sondern vielmehr auch Formen und auch Möglichkeiten des eigenständigen Arbeitens, wie sie im Rahmen neuerer Unterrichtsmethoden möglich sind, berücksichtigen werden müssen.

3. Inwieweit werden Erzieher bzw. Lehrer in Rheinland-Pfalz während ihrer Aus- bzw. Fortbildung für den Umgang mit hoch begabten Kindern sensibilisiert bzw. geschult?

Die Landesregierung ist bemüht, im Rahmen der bestehenden Fortbildungsmaßnahmen für Fachkräfte im Elementarbereich darauf hinzuwirken, dass den unterschiedlichen Lebenssituationen und damit auch den unterschiedlichen sozialen und intellektuellen Fähigkeiten von Kindern in pädagogisch sinnvoller Weise Rechnung getragen wird. Das im Kindertagesstättenbereich im Vordergrund stehende soziale Lernen im Spiel und die Förderung der individuellen Kreativität sind neben vielen anderen Aspekten Inhalte eines breiten Fortbildungsangebots in diesem Bereich.

In der Lehrerausbildung wird den Lernvoraussetzungen der Schülerinnen und Schüler und damit auch der Frage von Hochbegabung sowohl im erziehungswissenschaftlichen Begleitstudium als auch insbesondere in der praxisbezogenen Ausbildung im Vorbereitungsdienst besondere Aufmerksamkeit gewidmet.

Neue Unterrichtsformen sind seit Jahren ein wichtiges Thema im Fortbildungsangebot der Lehrerfortbildungseinrichtungen in Rheinland-Pfalz, die damit indirekt auch einen Beitrag zur Förderung von hoch begabten Schülerinnen und Schülern leisten. Hinzu kommen noch entsprechende Unterrichtsmaterialien des Pädagogischen Zentrums des Landes.

Für alle Gymnasien, die BEGYS-Projektklassen (siehe hierzu auch Antwort zu Fragen 7 bis 9) neu einrichten wollen oder schon eingerichtet haben, werden in jedem Jahr zwei Fortbildungsveranstaltungen angeboten, in denen die bereits gewonnenen pädagogischen und organisatorischen Erfahrungen mit dieser Konzeption weitergegeben werden. Eine Veranstaltung richtet sich an Schulleiterinnen und Schulleiter, die zweite an die für die Begabtenförderung zuständigen Koordinatorinnen und Koordinatoren.

4. Wie viele Schulpsychologen gibt es in Rheinland-Pfalz?

Rheinland-Pfalz verfügt über 32 schulpsychologische Beratungsstellen in den Landkreisen und kreisfreien Städten. Im Haushaltsplan sind 72,5 Haushaltsstellen ausgewiesen, davon 38,5 Beamtenplanstellen und 2,5 Angestelltenplanstellen für schulpsychologische Kräfte und 21,5 für Verwaltungshilfskräfte. Insgesamt stehen demnach 41 Planstellen für Schulpsychologinnen und Schulpsychologen zur Verfügung, die alle besetzt sind.

4.1. Für wie viele Jugendliche steht jeweils ein Schulpsychologe zur Verfügung?

Bei einer Schülerzahl von rund 606 000 Schülerinnen und Schülern (allgemein bildende und berufsbildende Schulen) steht eine schulpsychologische Planstelle für rund 14 780 Schülerinnen und Schüler zur Verfügung.

Auf Grund der unterschiedlichen Einzugsbereiche der Beratungsstellen liegt die Zahl der von einer schulpsychologischen Kraft zu versorgenden Schülerinnen und Schüler zwischen ca. 8 000 und ca. 25 000. Es wird zurzeit geprüft, inwieweit durch die Zusammenlegung kleinerer Beratungsstellen zu Beratungszentren und durch die Veränderung der Einzugsgebiete hier mittelfristig die Situation verbessert werden kann. Dabei ist zu berücksichtigen, dass die Präsenz vor Ort (Schülernähe) nach Möglichkeit erhalten bleibt.

5. *Erhalten hoch begabte Kinder in Rheinland-Pfalz eine differenzierte Betreuung im Sinne einer Begabtenpädagogik (als Pendant zur Sonderpädagogik)?*

Auf die Vorbemerkung wird verwiesen. In dem in der Vorbemerkung dargestellten Sinne bilden die Konzepte der Akzeleration, der Separation und des Enrichment die Grundlage der in Rheinland-Pfalz umgesetzten Maßnahmen der Begabtenförderung. So liegt beispielsweise der Einrichtung der BEGYS-Projektklassen (siehe Antwort zu Fragen 7 bis 9) eine Kombination von Akzeleration und Separation zu Grunde. Besondere fachliche Schwerpunkte, wie z. B. bilinguale Züge, das Sportgymnasium und das Musikgymnasium (siehe Antwort zu Fragen 7 bis 9) beruhen auf Enrichment in Verbindung mit zeitweiser Separation. Bei speziellen Arbeitsgemeinschaften und Projekten zur Begabtenförderung steht in der Regel der Aspekt des Enrichment im Vordergrund.

6. *Wie viele spezielle Beratungsstellen stehen den Eltern von hoch begabten Kindern in Rheinland-Pfalz zur Verfügung?*

Alle 32 Beratungsstellen des schulpsychologischen Dienstes stehen den Eltern von hoch begabten Kindern bei Beratungsbedarf zur Verfügung. Darüber hinaus stehen interessierten Eltern u. a. auch die Beratungsangebote der Deutschen Gesellschaft für das hoch begabte Kind e. V. zur Verfügung.

7. *Welche Schulen in Rheinland-Pfalz fördern durch welche Maßnahmen insbesondere hoch Begabte?*

8. *Welche Gymnasien in Rheinland-Pfalz setzen Schwerpunkte mit vertiefter Ausbildung im mathematisch-naturwissenschaftlichen bzw.(fremd-)sprachlichen Bereich?*

9. *An welchen rheinland-pfälzischen Schulen gibt es Spezialklassen, die besonders begabten Schülern vorbehalten sind?*

Folgende Gymnasien setzen Schwerpunkte im fremdsprachlichen Bereich:
Stand: Schuljahr 1998/1999

Gymnasien in Rheinland-Pfalz mit einem zweisprachigen deutsch-englischen Zug

Gymnasium am Römerkastell
Heidenmauer 14
55543 Bad Kreuznach

Sebastian-Münster-Gymnasium
Friedrich-Ebert-Str. 13
55218 Ingelheim

Are-Gymnasium
Mittelstraße 110
53474 Bad Neuenahr-Ahrweiler

Hohenstaufen-Gymnasium
Möllendorfstr. 29
67655 Kaiserslautern

Megina-Gymnasium
Am Knüppchen 1
56727 Mayen

Otto-Hahn-Gymnasium
Westring 11
76829 Landau

Mons-Tabor-Gymnasium
In der Bächel
56410 Montabaur

Gymnasium am
Kurfürstlichen Schloss
Greiffenklaustr. 2
55116 Mainz

Elisabeth-Langgässer-Gymnasium
Frankenstr. 17
55232 Alzey

Gymnasium im Paul-von-Denis-Schulzentrum
Neustückweg
67102 Schifferstadt

Werner-Heisenberg-Gymnasium
Kanalstr. 19
67098 Bad Dürkheim

Helmholtz-Gymnasium
Bleicherstr. 5
66482 Zweibrücken

Johann-Wolfgang-Goethe-Gymnasium
August-Keiler-Str. 34
76726 Germersheim

Auguste-Viktoria-Gymnasium
Dominikanerstr. 2
54290 Trier

Gymnasien in Rheinland-Pfalz mit einem zweisprachigen deutsch-französischen Zug

Bertha-von-Suttner-Gymnasium
Salentinstr. 4
56626 Andernach

Gymnasium an der Burgstraße
Burgstraße 18
67659 Kaiserslautern

Hilda-Gymnasium
Kurfürstenstr. 40
56068 Koblenz

Gymnasium am Römerkastell
Jean-Braun-Str. 19
55232 Alzey

Kooperative Gesamtschule
– Gymnasium –
Lessingstr. 24
76887 Bad Bergzabern

Geschwister-Scholl-Gymnasium
Friedrich-Heene-Str. 11
67061 Ludwigshafen

Gymnasium Gonsenheim
An Schneiders Mühle 1
55122 Mainz-Gonsenheim

Leibniz-Gymnasium
Karolinenstr. 103
67434 Neustadt/W.

Gymnasium am Rittersberg
Ludwigstr. 20
67657 Kaiserslautern

Max-Slevogt-Gymnasium
Hindenburgstr. 2
76829 Landau

Europa-Gymnasium
Forststr. 1
76744 Wörth

Hofenfels-Gymnasium
Zeilbäumerstr. 1
66482 Zweibrücken

Hindenburg-Gymnasium
Augustinerstr. 1
54290 Trier

Priv. Martin-Butzer-Gymnasium
der Evang. Kirche im Rheinland
Gymnasialstr. 15
56269 Dierdorf

Anträge weiterer Gymnasien auf Einrichtung eines bilingualen Zuges liegen vor.

Vier Gymnasien bieten den gleichzeitigen Erwerb der deutschen allgemeinen Hochschulreife und des französischen Baccalauréat an. Es sind dies:

Hindenburg-Gymnasium
Augustinerstr. 1
54290 Trier

Max-Slevogt-Gymnasium
Hindenburgstr. 2
76829 Landau

Kooperative Gesamtschule
– Gymnasium –
Lessingstr. 24
76887 Bad Bergzabern

Bertha-von-Suttner-Gymnasium
Salentinstr. 4
56626 Andernach

Das Peter-Altmeier-Gymnasium in 56410 Montabaur (Landesmusikgymnasium) und das Heinrich-Heine-Gymnasium in 67663 Kaiserslautern (Sportgymnasium) fördern durch eine gezielte Gestaltung des Unterrichtsangebots im Bereich Musik bzw. Sport besonders begabte Schülerinnen und Schüler.

Viele Schulen führen im Rahmen der schulinternen Profilbildung und Schwerpunktsetzung Projekte im mathematisch-naturwissenschaftlichen Bereich auch in Zusammenarbeit mit Hochschulen und der Wirtschaft durch. Statistische Angaben hierüber liegen wegen der Vielfältigkeit der Projekte nicht vor.

Für Schülerinnen und Schüler, die allgemein besonders befähigt und leistungsbereit sind, werden an einer ganzen Reihe von Gymnasien so genannte BEGYS-Projektklassen (BEGYS = Begabtenförderung am Gymnasium mit Verkürzung der Schulzeit) angeboten. Mit Beginn der Klassenstufe 7 können an diesen Gymnasien besonders leistungsfähige, leistungsbereite und engagierte Schülerinnen und Schüler in eine so genannte „Projektklasse" eintreten, sofern sie dies wünschen. Sie überspringen dann im Klassenverband die Klassenstufe 9 und durchlaufen somit die Sekundarstufe I um ein Jahr schneller. Die Inhalte der Lehrpläne ändern sich nicht, werden aber dem verkürzten Ablauf angepasst. Am Ende der Sekundarstufe I werden die Projektklassen wieder aufgelöst und alle Schülerinnen und Schüler einer Jahrgangsstufe gemeinsam zum Abitur geführt. Somit sind die Anforderungen zum Erwerb der allgemeinen Hochschulreife für alle Schülerinnen und Schüler identisch.

Es hat sich in der über zehnjährigen Versuchsphase an sechs Gymnasien des Landes gezeigt, dass etwa 20 bis 25 % eines Gymnasialjahrganges in der Lage sind, im Rahmen dieses Projektes das Abitur bereits nach zwölf Jahren Schulzeit ohne Abstriche an Inhalten und ohne Verlust im Anspruchsniveau abzulegen. Nach Beendigung des Modellversuchs haben seit 1997 alle Gymnasien in Rheinland-Pfalz die Möglichkeit, BEGYS-Projektklassen einzurichten. Damit gehört Rheinland-Pfalz zu den wenigen Bundesländern, die diesen zentralen Ansatzpunkt der Begabtenförderung flächendeckend an allen Gymnasien vorhalten. Folgende Schulen führen derzeit einen BEGYS-Zug:

Nikolaus-von-Kues-Gymnasium
Peter-Kremer-Weg 4
54470 Bernkastel-Kues

Carl-Bosch-Gymnasium
Jägerstraße 9
67059 Ludwigshafen

Gymnasium auf dem Asterstein Lehrhohl 50 56077 Koblenz	Friedrich-Magnus-Schwerd-Gymnasium Vincentiusstraße 5 67346 Speyer
Johann-Wolfgang-Goethe-Gymnasium August-Keiler-Straße 34 76726 Germersheim	Herzog-Johann-Gymnasium Jakob-Kneip-Straße 2 55469 Simmern
Eleonoren-Gymnasium Karlsplatz 3 67549 Worms	Gutenberg-Gymnasium An der Philippsschanze 5 55131 Mainz
Theresianum-Gymnasium des Johannesbundes e. V. Oberer Laubenheimer Weg 58 55131 Mainz	Gymnasium Nieder-Olm Karl-Sieben-Str. 38 55268 Nieder-Olm
Priv. Maria-Ward-Schule Mainz Ballplatz 1-3 55116 Mainz	Albert-Einstein- Gymnasium Parsevalplatz 2 67227 Frankenthal/Pfalz

Über die speziellen Angebote des Landes hinaus wird in Rheinland-Pfalz in überdurchschnittlich hohem Maße das Angebot der Deutschen Schülerakademien genutzt, die vom Verein Bildung und Begabung jährlich an wechselnden Standorten durchgeführt werden. So bekundeten in den letzten Jahren in Rheinland-Pfalz zwischen 60 und 70 % der angeschriebenen Schulen ihr Interesse an dieser Veranstaltung, während es bundesweit nur 20 bis 40 % waren. Etwa 8 % der Teilnehmerinnen und Teilnehmer insgesamt kamen aus Rheinland-Pfalz. Charakteristisch für das Konzept dieser Akademien ist die Verbindung von hohen intellektuell-wissenschaftlichen Ansprüchen und Herausforderungen unter Einbeziehung interdisziplinärer Fragestellungen mit musisch-ästhetischen Aspekten und einer Förderung der Sozialkompetenz.

10. An welchen Schulen gibt es spezielle Arbeitsgemeinschaften für besonders befähigte Schüler?

In allen Schularten werden Arbeitsgemeinschaften zu unterschiedlichen Themen angeboten. Da in diesen spezielle inhaltliche Schwerpunkte gesetzt werden, dient ein großer Teil der Arbeitsgemeinschaften auch der Begabtenförderung. Insbesondere gibt es entsprechend der langen und vielfältigen Wettbewerbstradition in Rheinland-Pfalz bereits an vielen Gymnasien und Gesamtschulen Arbeitsgemeinschaften zur Unterstützung bei der Teilnahme an Wettbewerben. Besonders zu erwähnen sind dabei Förderangebote und entsprechende Arbeitsgemeinschaften für jüngere Schülerinnen und Schüler mit dem Ziel, vorhandene Begabungen und Interessen zu erhalten und auszubauen. Ein sehr gutes Beispiel hierfür ist der dreistufige Landeswettbewerb Mathematik, der sich von den Klassen 6/7 (Schwerpunkt Breitenförderung) bis zur Klasse 10 (Spitzenförderung in Zusammenarbeit mit den Universitäten) zieht. Spezielle Arbeitsgemeinschaften für hoch begabte Schülerinnen und Schüler werden statistisch nicht ausgewiesen.

11. Besteht an rheinland-pfälzischen Schulen die Möglichkeit unterrichtsbegleitender und praxisbezogener Zusammenarbeit von besonders befähigten Schülern mit Institutionen wie z. B. Universitäten oder Unternehmen? Wenn ja, an welchen Schulen mit welchen Universitäten und Unternehmen?

Besonders engagierte und interessierte Schülerinnen und Schüler nehmen an Wettbewerben teil. Unter anderem hierfür ermuntern die Schulen zur Zusammenarbeit mit Universitäten und Unternehmen.

Angebote in Zusammenarbeit mit den Universitäten

- Modellierungswoche Mathematik
  Einmal im Jahr erhalten mathematisch begabte und interessierte Schülerinnen und Schüler der Oberstufe die Gelegenheit, zusammen mit engagierten Lehrkräften eine Woche lang in Gruppen reale Probleme aus Industrie und Wirtschaft zu bearbeiten. Die Problemstellungen und fachliche Unterstützung werden von der Universität Kaiserslautern zur Verfügung gestellt.

- Hochschulen unterstützen Schülerinnen und Schüler der gymnasialen Oberstufe bei der Anfertigung von Referaten, Facharbeiten oder (in Zukunft) „besonderen Lernleistungen", vor allem im experimentellen Bereich.

- Hochschulen stellen zu bestimmten Themen Experimentiermöglichkeiten zur Verfügung, wo diese in der Schule nicht gegeben sind. Der Unterricht eines naturwissenschaftlichen Leistungskurses findet dann z. B. für eine oder mehrere Doppelstunden an der Hochschule statt.

- Bei der Gestaltung von Schülerwettbewerben im mathematisch-naturwissenschaftlichen Bereich werden die Hochschulen einbezogen, z. B. indem sie Seminare für die Preisträger durchführen (Beispiel: dritte Runde des Landeswettbewerbs Mathematik).

Statistische Angaben liegen wegen der Vielfältigkeit der Projekte nicht vor. Im Folgenden werden beispielhaft einige Schulen und deren Projekte genannt:

Privates Trifels-Gymnasium Annweiler
Besonders befähigte und interessierte Schülerinnen und Schüler haben die Möglichkeit, in der Fachhochschule Karlsruhe und bei Daimler Chrysler Wörth Praktika zu absolvieren.

Kooperative Gesamtschule Bad Bergzabern
Mit der Universität Karlsruhe wurde eine praxisbezogene Zusammenarbeit auf dem Gebiet der Verfahrenschemie erprobt. Da das Modell sich bewährt hat, soll es fortgeführt werden. Entsprechendes gilt für ein Projekt Mathematik in Zusammenarbeit mit der Universität Kaiserslautern.

Karolinen-Gymnasium Frankenthal
Einzelne Schüler besuchten im Rahmen eines Modellversuchs der Universität Mannheim mit Unterstützung des Landes Rheinland-Pfalz den Studiengang Technische Informatik.

Johann-Wolfgang-Goethe-Gymnasium Germersheim
Die Arbeitsgemeinschaft Chinesisch an der Schule wird von einem Dozenten des Fachbereichs Angewandte Sprach- und Kulturwissenschaft Germersheim – Universität Mainz – geleitet.

Gymnasium am Rittersberg Kaiserslautern
Praxisbezogene Zusammenarbeit zur Förderung besonders begabter Schülerinnen und Schüler mit der Universität Kaiserslautern.

Privates Theresianum Mainz
Besondere Förderung erfahren hoch Begabte z. B.
- am Mozarteum in Salzburg
- als Jungstudenten am Konservatorium Mainz.

Rabanus-Maurus-Gymnasium Mainz
Sieger im Landes- bzw. Bundeswettbewerb Mathematik erhalten die Möglichkeit des Besuchs von universitären Veranstaltungen.

Gymnasium am Kaiserdom Speyer
Einzelne musikalisch besonders begabte Schülerinnen und Schüler erhalten die Möglichkeit des Studiums an einer Musikhochschule, z. B. in Mannheim oder Karlsruhe.

Rudi-Stephan-Gymnasium Worms
Einzelne Schüler werden auf Empfehlung der Schule zu Seminaren „Informatik" an der Universität Mannheim zugelassen.

Hohenstaufen-Gymnasium Kaiserslautern
Es besteht die Möglichkeit unterrichtsbegleitender und praxisbezogener Zusammenarbeit von besonders befähigten Schülerinnen und Schülern mit der Universität Kaiserslautern. Zurzeit besteht diese Zusammenarbeit konkret mit den Fachbereichen Elektrotechnik und Physik.

Max-Planck-Gymnasium Ludwigshafen
Zurzeit wird ein Projekt „Theoprax" in Zusammenarbeit mit der BASF AG aufgebaut. Derzeit sind zwei Schülergruppen mit den Fachbereichen Chemie und Informatik beteiligt.

Theodor-Heuss-Gymnasium Ludwigshafen
Im Rahmen einer Kooperation mit der Universität Mannheim können einzelne besonders begabte und motivierte Schülerinnen und Schüler zeitweise am Studiengang Technische Informatik teilnehmen.

Gutenberg-Gymnasium Mainz
In Zusammenarbeit mit dem Fachbereich Musik der Johannes Gutenberg-Universität Mainz wird eine Förderung einzelner musikalisch besonders begabter Schülerinnen und Schüler durch die Universität ermöglicht.

Helmholtz-Gymnasium Zweibrücken
Eine Zusammenarbeit mit der Fachhochschule Kaiserslautern ist in Vorbereitung. Entsprechende Tagungen sind für Januar und März 2000 bereits terminiert.

Peter-Altmeier-Gymnasium Montabaur
Einzelne Schülerinnen und Schüler werden als Jungstudierende an den Musikhochschulen in Köln, Frankfurt und Düsseldorf aufgenommen.

Peter-Joerres-Gymnasium Bad Neuenahr-Ahrweiler
Leistungsstarke Schülerinnen und Schüler der Jahrgangsstufe 12 arbeiten bei der Firma Apollinaris in ökologischen Projekten mit.

Freiherr-v.-Stein-Gymnasium Betzdorf
Zusammenarbeit mit der Universität Siegen, vor allem im naturwissenschaftlichen Bereich.

Rhein-Gymnasium Sinzig
Zusammenarbeit mit den Firmen Apollinaris, Rasselstein und Hydraulik Remagen.

Kopernikus-Gymnasium Wissen
Zusammenarbeit mit den Universitäten Siegen und Bonn sowie dem Cern-Institut Zürich, mit der IHK und der Süddeutschen Zeitung.

Thomas-Morus-Gymnasium Daun
Pilot-Projekt „business@school" mit der Boston Consulting Group in der gymnasialen Oberstufe.

Auguste-Viktoria-Gymnasium Trier
Gentechnologisches Praktikum mit dem Bundesverband der Deutschen Chemie.

Cusanus-Gymnasium Wittlich
Zusammenarbeit mit der Universität Kaiserslautern, Fachbereich Naturwissenschaften.

12. *Welche Landeswettbewerbe, z. B. für Mathematik, Naturwissenschaften, deutsche Sprache und Literatur etc. gibt es in Rheinland-Pfalz speziell für hoch Begabte?*

13. *Welche Landeswettbewerbe für besonders Begabte werden zurzeit durchgeführt?*

13.1 *Wie hat sich die Teilnehmerzahl an solchen Wettbewerben seit 1980 entwickelt, bitte nach Schuljahren aufgegliedert?*

14. *Welche Erfolge bzw. Platzierungen konnten rheinland-pfälzische Schülerinnen und Schüler bei der Teilnahme an länderübergreifenden Wettbewerben seit 1980 erzielen, bitte gegliedert nach Schuljahren, Anzahl der jeweiligen Teilnehmer und Platzierungen?*

Landeswettbewerbe speziell für hoch Begabte bzw. besonders Begabte gibt es in Rheinland-Pfalz nicht.

Wohl aber sind mehrere Wettbewerbe insoweit ein wichtiges Element der Begabtenförderung, als Bestleistungen auf regionaler, nationaler und teilweise auch internationaler Ebene nicht nur mit Geld- und Sachpreisen ausgezeichnet werden, sondern auf der letzten Qualifikationsebene auch den Zugang zu Stipendien, Forschungsaufenthalten etc. sowie die Aufnahme in die Studienstiftung des Deutschen Volkes ermöglichen.

Diese Wettbewerbe sind im Folgenden aufgelistet und, soweit die angefragten Einzelheiten erfasst worden sind, in ihrer landesbezogenen Entwicklung dokumentiert:

1. Wettbewerbe im Bereich Sprachen

1.1 Bundeswettbewerb Fremdsprachen, Einzel- und Mehrsprachenwettbewerb
Am Einzelwettbewerb nehmen Schülerinnen und Schüler der Klassen 9 und 10 aller Schularten, im Mehrsprachenwettbewerb solche der Klassen 11 bis 13 teil. Die Schülerinnen und Schüler der Klassen 9 und 10 können alternativ an einem Gruppenwettbewerb teilnehmen. In der Regel stammen die am Einzelwettbewerb Teilnehmenden zu mehr als 90 % aus der 10. Klasse.

Bundeswettbewerb Fremdsprachen/Einzelwettbewerb moderne Fremdsprachen
Teilnehmerinnen/Teilnehmer: Klassen 9 bis 10

	1991	1992	1993	1994	1995	1996	1997	1998	1999
Teilnehmer	582	486	324	312	342	334	481	362	316
Bundespreise	16	2	4	2	0	9	8	16	9

Bundeswettbewerb Fremdsprachen/Einzelwettbewerb Latein
Teilnehmerinnen/Teilnehmer: Klassen 9 bis 10

	1993	1994	1995	1996	1997	1998	1999
Teilnehmer	103	85	98	83	89	82	71
Bundespreise	0	0	1	1	1	1	0

Außer den hier erfassten Bundespreisen wurden an dieselben und einige weitere Bundessieger der Sparten Moderne Fremdsprachen und Latein Berechtigungen zum Eintritt in die 2. Runde des Mehrsprachenwettbewerbs verliehen.

Bundeswettbewerb Fremdsprachen/Mehrsprachenwettbewerb
Teilnehmerinnen/Teilnehmer: Klassen 11 bis 13

	1991	1992	1993	1994	1995	1996	1997	1998	1999
Teilnehmer	87	63	39	35	40	65	53	45	45
Bundespreise	4	6	2	3	1	7	4	4	2

1.2 Certamen Rheno-Palatinum/Wettbewerb Alte Sprachen (nicht länderübergreifend)
Dieser Wettbewerb für Latein und Griechisch richtet sich an Schülerinnen und Schüler der Jahrgangsstufen 11 und 12 (Gymnasium und teilw. IGS). Er ist ausschließlich auf Landesebene organisiert und seit 1991/1992 dreistufig. Von den acht Teilnehmerinnen und Teilnehmern der 3. Runde (Kolloquium) können maximal drei in die Studienstiftung des Deutschen Volkes aufgenommen werden.

	1992	1993	1994	1995	1996	1997	1998	1999
Teilnehmer	357	344	311	304	311	344	408	452
Studienstiftg.	3	2	3	2	3	2	2	2

2. Wettbewerbe im Bereich Mathematik/Naturwissenschaften

2.1 Jugend forscht/Schüler experimentieren
Teilnehmen können Schülerinnen und Schüler aller Schularten (bis 16 Jahre in der Juniorensparte „Schüler experimentieren", bis 21 Jahre bei „Jugend forscht"). Die Eintragungen in der Tabelle weisen Bundespreise aus (So-Pr. = Sonderpreise).

	1980	1981	1982	1983	1984	1985	1986	1987	1988	1989
Teilnehmer	311	318	526	545	590	637	574	712	746	749
1. Pr.	2	1	1	0	1	1	1	1	2	1
2. Pr.	0	0	2	1	0	0	1	1	2	1
3. Pr.	2	2	1	0	0	0	1	1	1	1
4. Pr.	0	1	1	1	1	1	0	0	1	1
5. Pr.	1	0	0	0	0	2	0	1	2	0
So-Pr.	0	0	1	1	0	1	1	3	2	2

	1990	1991	1992	1993	1994	1995	1996	1997	1998	1999
Teilnehmer	766	762	746	661	564	709	729	822	991	1 001
1. Pr.	1	1	1	1	0	0	1	0	0	0
2. Pr.	1	1	1	2	1	1	0	2	1	0
3. Pr.	2	1	1	1	1	0	1	2	3	2
4. Pr.	0	0	0	2	0	2	2	1	1	1
5. Pr.	2	0	1	0	1	1	0	0	1	2
So-Pr.	2	2	1	3	1	4	4	5	5	5

2.2 Bundeswettbewerb Mathematik
Die Teilnahme am Bundeswettbewerb ist für Schülerinnen und Schüler der Sekundarstufen I und II möglich. Die große Mehrheit kommt allerdings aus den Klassen 11 bis 13. Einige Schülerinnen und Schüler stammen aus den Klassen 8 bis 10, doch nehmen diese Altersgruppen in der Regel auf Landesebene am Landeswettbewerb Mathematik teil. Teilnehmende aus jüngeren Jahrgängen sind äußerst selten.

Die 1. Landessieger des Bundeswettbewerbs nehmen an einem Kolloquium teil, aus dem heraus Einzelne in die Studienstiftung des Deutschen Volkes aufgenommen werden (Koll. = Kolloquiumsteilnehmer/innen).

Landtag Rheinland-Pfalz – 13. Wahlperiode   Drucksache 13/5368

	1980	1981	1982	1983	1984	1985	1986	1987	1988	1989
Teilnehmer	64	112	78	89	108	89	99	55	74	50
Koll.	4	7	3	4	3	9	5	2	10	4

	1990	1991	1992	1993	1994	1995	1996	1997	1998	1999
Teilnehmer	129	97	131	81	54	77	118	74	61	117
Koll.	3	2	5	1	5	2	3	3	3	3

2.3 Internationale Mathematik-Olympiade

Zur Auswahl der Olympia-Mannschaft werden auf Grund der Ergebnisse im Landes- und Bundeswettbewerb Mathematik geeignete Kandidatinnen und Kandidaten vorgeschlagen. Im Zeitraum 1980 bis 1992 wurde im Jahr 1984 ein Schüler aus Rheinland-Pfalz (Jahrgangsstufe 13) in die IMO-Mannschaft aufgenommen; er errang eine Bronzemedaille. Seit 1993 gibt es außerdem eine Gesamtdeutsche Olympiade Junger Mathematiker, die in der folgenden Tabelle als Auswahlwettbewerb ausgewiesen ist. Teilnehmen können die Klassenstufen 8 bis 13.

	1993	1994	1995	1996	1997	1998	1999
Ausw.Wettb.	10	9	12	12	*)	9	12
Mannschaft	0	0	0	0	1	0	1
Bronze	0	0	0	0	0	0	0
Silber	0	0	0	0	0	0	1
Gold	0	0	0	0	1	0	0

*) keine Angabe

2.4 Internationale Physik-, Chemie- und Biologie-Olympiade

An den Auswahlrunden zur IPhO, IChO und IBO können Schülerinnen und Schüler der Sekundarstufe II im Einzelwettbewerb teilnehmen. In der 4. Runde erfolgt die Qualifikation für die deutsche Olympia-Mannschaft, die an der Internationalen Olympiade teilnimmt und deren Mitglieder Gold-, Silber- und Bronzemedaillen erringen können.

Internationale Physik-Olympiade

	1990	1991	1992	1993	1994	1995	1996	1997	1998	1999
Ausw.Wettb.	24	13	16	35	9	12	8	5	16	12
Mannschaft	1	0	0	0	0	0	0	0	0	1
Bronze	0	0	0	0	0	0	0	0	0	0
Silber	0	0	0	0	0	0	0	0	0	0
Gold	0	0	0	0	0	0	0	0	0	0

Internationale Chemie-Olympiade

	1990	1991	1992	1993	1994	1995	1996	1997	1998	1999
Ausw.Wettb.	9	3	6	10	12	12	9	9	14	11
Mannschaft	0	0	0	1	0	0	0	0	0	0
Bronze	0	0	0	1	0	0	0	0	0	0
Silber	0	0	0	0	0	0	0	0	0	0
Gold	0	0	0	0	0	0	0	0	0	0

Internationale Biologie-Olympiade

	1997	1998	1999
Ausw.Wettb.	44	38	7
Mannschaft	0	0	0

2.5 Bundeswettbewerb Informatik

Auch hier handelt es sich um einen Einzelwettbewerb für Schülerinnen und Schüler der Sekundarstufe II. Erfolgreiche Absolventen der Endrunde werden zu Bundessiegern (Bu) oder Preisträgern (Pr) gekürt oder (seit 1996) mit Sonderpreisen (So) geehrt.

	1992	1993	1994	1995	1996	1997	1998	1999
Teilnehmer	104	107	68	92	26	37	53	53
Bu	0	0	1	0	0	0	0	0
Pr	0	1	1	0	0	0	0	0
So	0	0	0	0	1	0	0	0

3. Wettbewerb im Bereich Gemeinschaftskunde
Wettbewerb Deutsche Geschichte um den Preis des Bundespräsidenten:
Im zweijährigen Turnus für Schülerinnen und Schüler aller Schularten mit Einzel- und Gruppenarbeiten. Einzelne Preisträgerinnen und Preisträger können in die Studienstiftung des Deutschen Volkes aufgenommen werden.

	1988/1989	1990/1991	1992/1993	1994/1995	1996/1997	1998/1999
Teilnehmer	259	193	624	158	362	323
Bundespreise	148	69	134	80	164	128

4. Wettbewerbe im musisch-künstlerischen Bereich

4.1 Jugend musiziert
Der vom Landesausschuss „Jugend musiziert" jährlich im März durchgeführte Wettbewerb hat u. a. die Aufgabe, den musikalischen Nachwuchs zu fördern und musikalische Frühbegabungen zu entdecken. Die erfolgreiche Teilnahme an dem vom Ministerium für Kultur, Jugend, Familie und Frauen finanziell geförderten Landeswettbewerb ist Voraussetzung für die Teilnahme am Bundeswettbewerb, der jährlich vom deutschen Musikrat durchgeführt wird. Zurzeit finden die Regionalwettbewerbe als Qualifikation für die Teilnahme am Landeswettbewerb statt. Die Zahl der Teilnehmenden am Landeswettbewerb ist erst seit 1996 ermittelbar, sie ist auch abhängig von den vorgegebenen Bewertungskategorien insbesondere im Ensemblespiel:

Jahr	Teilnehmer Landeswettbewerb	Teilnehmer Bundeswettbewerb	Preisträger Bundeswettbewerb
1996	235	28	21
1997	254	50	27
1998	240	70	41
1999	340	60	32

4.2 Literaturwettbewerbe
Der Friedrich Boedecker-Kreis und das Pädagogische Zentrum des Landes Rheinland-Pfalz sowie das Literaturbüro Mainz bieten literarisch Begabten regelmäßig die Möglichkeit, im Rahmen von Schreibwerkstätten, die von renommierten Jugendbuchautorinnen und -autoren geleitet werden, ihr Talent zu fördern. Diese Veranstaltungen werden mit Landesmitteln bezuschusst.

Der Literaturwettbewerb „Schüler schreiben" wird jährlich zusammen mit dem Bundesministerium für Bildung und Forschung auf Landes- und Bundesebene durchgeführt. In jedem Jahr sind die literarisch begabten Schülerinnen und Schüler aus Rheinland-Pfalz in der Endausscheidung und in der von den Berliner Festspielen initiierten Präsentation „Treffen junger Autoren" in Berlin repräsentiert.

Zu den zahlenmäßigen Entwicklungen im Bereich der Literatur gibt es keine genauen Angaben, da sich die Schreibwerkstätten und auch der Georg K. Glaser-Preis nicht ausschließlich an hoch Begabte wenden und der Landeswettbewerb „Schüler schreiben" nicht vom Land selbst durchgeführt wird.

15. Stellt das Land Rheinland-Pfalz besonders begabten und bedürftigen rheinland-pfälzischen Abiturienten Stipendien zur Verfügung, um diesen ein erfolgreiches Hochschulstudium zu ermöglichen? Wenn ja, wie hat sich die Zahl der Geförderten seit 1990 entwickelt, bitte nach Jahren aufgegliedert?

Für bedürftige Studierende ist die Förderung durch das Bundesausbildungsförderungsgesetz vorgesehen. Die Stipendienmittel dieses Gesetzes werden zu 35 % vom Landeshaushalt getragen. Mittel für eine landeseigene Förderung für hoch begabte Studierende stehen nicht zur Verfügung. Allerdings können solche Studienbewerber nach Vorschlag ihrer Schule und Maßgabe eines Wettbewerbs in die Studienstiftung des Deutschen Volkes aufgenommen werden, die vorrangig und allein für die Förderung hoch begabter Bewerber bestimmt ist. Das Land Rheinland-Pfalz leistet hierzu einen jährlichen Zuschuss in Höhe von 280 000,- DM. Auch eine Reihe anderer Stiftungen u. a. der politischen Parteien stellen für entsprechend hoch begabte Studierende Stipendien zur Verfügung.

16. Wie steht die Landesregierung zu folgenden Vorschlägen:

Die Landesregierung sieht die genannten Vorschläge durchweg positiv. Sie sind überwiegend bereits jetzt umgesetzt bzw. hinsichtlich der Frage einer früheren Einschulung wird die Umsetzung vorbereitet. Im Einzelnen:

Landtag Rheinland-Pfalz – 13. Wahlperiode   Drucksache 13/5368

a) Frühere Einschulung von hoch begabten Kindern?
b) Jahrgangsübergreifende Lerngruppen zur Förderung besonders begabter Kinder?
c) Innenunterrichtliche Maßnahmen im Rahmen der Differenzierung und Individualisierung (sog. „Binnendifferenzierung")?
d) Gasthörerschaft von hoch begabten Schülerinnen und Schülern an Universitäten?

Zu a:

Die Landesregierung hält es für sinnvoll, einzelnen Kindern, bei denen ein frühzeitiger Schulbesuch aus entwicklungsbedingten Gründen geboten erscheint, den Schulbesuch vorzeitig zu ermöglichen. Deshalb hat sie im Rahmen der Beantwortung der Kleinen Anfrage „Einschulung von fünfjährigen Kindern", Drucksache 13/3978 vom 10. Februar 1999 erklärt, sie beabsichtige im Rahmen der nächsten Schulgesetznovelle eine Änderung einzubringen mit dem Ziel, fünfjährigen Kindern in begründeten Ausnahmefällen, bei entsprechenden geistigen, sozialen und körperlichen Voraussetzungen einen vorzeitigen Schulbesuch zu ermöglichen.

Zu b:

Die Bildung jahrgangsübergreifender Lerngruppen nicht nur, aber auch zur Förderung besonders begabter Kinder ist im Bereich der Grundschule möglich.

Zu c:

Binnendifferenzierende Maßnahmen sind konstitutiver Bestandteil des Unterrichts. Maßnahmen der inneren und äußeren Differenzierung (Leistungs- und Neigungsdifferenzierung) fördern in allen Schularten die unterschiedlichen Begabungen bis hin zur Hochbegabung.

Zu d:

Die Regelungen für Gasthörer an den Universitäten und Fachhochschulen sehen keine Altersbegrenzung vor.

17. Welche Voraussetzungen müssen vorliegen, damit ein Kind an einer rheinland-pfälzischen Schule eine Klasse überspringen darf?

Die Schulordnung für die öffentlichen Grundschulen in Rheinland-Pfalz vom 21. Juli 1988 (zuletzt geändert durch Landesverordnung vom 11. Juli 1997) sieht in § 26 das Überspringen einer Klassenstufe für begabte Schülerinnen und Schüler vor. Für das Überspringen einer Klassenstufe nennt die Ordnung drei Kriterien: Begabung, Leistungswille und die voraussichtliche erfolgreiche Mitarbeit in der nächsten Klassenstufe. Begabte und leistungswillige Schülerinnen und Schüler sind daran zu erkennen, dass neben dem besonderen Denkvermögen auch Interessen, Lernmotivation, Leistungswille, Ausdauer, Konzentrationsfähigkeit und Leistungsstabilität ausgeprägt sind.

§ 39 der Übergreifenden Schulordnung regelt das Überspringen einer Klassenstufe: Der Schulleiter gestattet das Überspringen einer Klassenstufe, wenn die Klassenkonferenz im Einvernehmen mit den Eltern einen entsprechenden Antrag gestellt hat. Als Voraussetzung wird vorgeschrieben, dass eine besondere Begabung und ein besonderer Leistungswille vorliegen müssen. Es gibt einen pädagogischen Ermessensspielraum, der auch notwendig ist, um der betroffenen Schülerin bzw. dem betroffenen Schüler in seiner jeweiligen Situation gerecht werden zu können.

18. Wie vielen Schülern wurde dies seit 1991 ermöglicht (nach Jahrgängen und Schularten differenziert)?

Die Zahlen der Überspringer einer Klassenstufe nach den Meldungen der Schulen zum Erhebungsstichtag der amtlichen Schulstatistik sind in der folgenden Tabelle angegeben:

Überspringer einer Klassenstufe seit 1991 differenziert nach Schularten und Jahrgängen

Schulart	Überspringer in Klassenstufe ...													
	1	2	3	4	5	6	7	8	9	10	11	12 *)	13	Zus.
	Schuljahr 1991/1992													
GHS			9	5			3	1						18
RS														0
GY							2		1			9		12
Zus.			9	5			2	3	2			9		30
	Schuljahr 1992/1993													
GHS		1	9	10		2		5						27
RS					1									1
GY						2	2	1	23			9		37
Zus.		1	9	10	1	4	2	6	23			9		65

Überspringer einer Klassenstufe seit 1991 differenziert nach Schularten und Jahrgängen
Überspringer in Klassenstufe ...

Schulart	1	2	3	4	5	6	7	8	9	10	11	12 *)	13	Zus.
Schuljahr 1993/1994														
GHS		1	10	8		4		4	2					29
RS						1								1
GY					1			1	3			7		12
Zus.		1	10	8	1	5		5	5			7		42
Schuljahr 1994/1995														
GHS			6	5			3	1	1					16
RS														0
GY					1			1	3	2		2		9
IGS							2							2
Zus.			6	5	1		5	2	4	2		2		27
Schuljahr 1995/1996														
GHS		1	13	5	1		1	2						23
RS														0
GY								1		2	1	1	8	13
IGS							1							1
Zus.		1	13	5	1		2	3	2	1	1		8	37
Schuljahr 1996/1997														
GHS		3	17	13			1	3						37
RS						1				1				2
GY							1			2		6		9
Zus.		3	17	13		1	2	3		3		6		48
Schuljahr 1997/1998														
GHS			13	16	1			1						31
RS														0
GY					2				4	22		10		38
Zus.			13	16	3			1	5	22		10		69
Schuljahr 1998/1999														
GHS			18	17				2						37
RS					2									2
GY							2	2	3	1		18		26
Zus.			18	17	2		2	2	5	1		18		65

*) Überspringer von 10/2 und 11/1 bzw. 11.

19. **Erhalten hoch begabte Kinder in Rheinland-Pfalz die Möglichkeit einer Hospitation in der nächsthöheren Schulklasse, um ihnen das Überspringen und das Einfügen in den neuen Klassenverband zu erleichtern?**

Die Möglichkeit einer Hospitation in einer höheren Klasse wird schulintern geregelt.

20. **Wie viele Landeskinder wurden bzw. werden in welchen hoch Begabtenklassen bzw. -schulen in anderen Bundesländern seit 1991 beschult (nach Jahrgängen differenziert)?**

Der Landesregierung liegen hierzu keine statistischen Erhebungen vor.

Prof. Dr. E. Jürgen Zöllner
Staatsminister

Weitere Studien zum Thema „Pädagogik":

Diese und weitere Studien aus dem Bereich der Pädagogik finden Sie im Online-Katalog unter www.diplom.de :

Entwicklung, Ursachen und Interventionsmöglichkeiten agressiven Verhaltens im Vorschulalter
S. Leubauer / Cottbus / 1999 / 120 Seiten / 198,00 EUR / Best.-Nr. 2390

Stilleübungen und Phantasiereisen im Unterricht
Beispiele von Unterrichtserfahrungen im zweiten und dritten Schuljahr der Grundschule Mühlenberg
I. Reichwehr / Hannover / 1998 / 88 Seiten / 148,00 EUR / Best.-Nr. 1692

Zur Leistungsfähigkeit des sinnlichen Naturerlebens in der Umweltbildung
Eine Analyse unter Berücksichtigung der Positionen von R. Steiner und M. Montessori
C. Honig / Berlin / 2001 / 88 Seiten / 148,00 EUR / Best.-Nr. 4958

Computer, Internet und Medienkompetenz von Kindern
Stellenwert und Entwicklungsperspektiven am Beispiel USA
N. Dohle / Trier / 2001 / 77 Seiten / 198,00 EUR / Best.-Nr. 4128

Als Zwilling geboren! Zum Zwilling erzogen?
Einstellungen von Eltern zur Erziehung von monozygoten und dizygoten Zwillingen
M. Klug / Bamberg / 1996 / 190 Seiten / 74,-- EUR / Best.-Nr. 0073

Geschwisterposition und Persönlichkeitsentwicklung
K. Dupont / Bonn / 1998 / 92 Seiten / 148,00 EUR / Best.-Nr. 5240

Kinder aus Alkoholikerfamilien aus (sonder-) pädagogischer Sicht
Grundlagen von Prävention und Intervention
B. Tomm-Bub / Hagen / 1998 / 83 Seiten / 148,00 EUR / Best.-Nr. 5012

Die Stieffamilie
Eigenart, Struktur und Problematik von zusammengesetzten Familien
G. Mayer / Coburg / 1998 / 67 Seiten / 148,00 EUR / Best.-Nr. 1475

Aussagekräftige Inhaltsangaben und Inhaltsverzeichnisse zu den Studien können kostenlos und unverbindlich unter www.diplom.de eingesehen werden. Zu den oben genannten Preisen stehen die Studien direkt unter www.diplom.de als Download zur Verfügung.

Die Studien können auch gegen 5,00 EUR Aufschlag als Printausgabe oder auf CD-ROM online unter www.diplom.de oder per Fax unter 040/655 99 222 bestellt werden. Die Versandkosten werden mit 5,00 EUR in Rechnung gestellt.

Studierende erhalten auf den Preis vieler Studien eine Ermäßigung von 50%.

Studien 2001

In der Reihe Studien 2001 sind im Buchhandel zudem erschienen:

Umgestaltung der Arbeitszeit
Bedeutung, Umsetzung und rechtlicher Hintergrund flexibler Arbeitszeitmodelle
K. Müller / Wismar / 2001 / 83 Seiten / 29,50 EUR / ISBN 3-8324-3140-3

Investmentfonds für die private Altersvorsorge
A. Vogelsang / Bochum / 2001 / 81 Seiten / 29,50 EUR / ISBN 3-8324-3236-1

Optimierung des Beschaffungsprozesses durch E-Procurement
D. Landeka / Darmstadt / 2001 / 187 Seiten / 29,50 EUR / ISBN 3-8324-4335-5

Rabattgesetz und Zugabeverordnung
Dargestellt am Beispiel der Lebensmittelbranche
C. Dietrich / Dortmund / 2001 / 80 Seiten / 29,50 EUR / ISBN 3-8324-4472-6

Credit Rating vor dem Hintergrund von Basel II
Dreh- und Angelpunkt des Firmenkredits
Z. Blažević / Köln / 2001 / 126 Seiten / 29,50 EUR / ISBN 3-8324-4489-0

Instrumente zur Kundenbindung im Internet
Dargestellt am Beispiel von Finanzportalen
J. Grote / Leipzig / 2001 / 77 Seiten / 29,50 EUR / ISBN 3-8324-4309-6

Online Marketing
Möglichkeiten der Kundenbindung über das Internet
D. Ulamec / Pforzheim / 2001 / 100 Seiten / 29,50 EUR / ISBN 3-8324-3218-3

Leistungsfähigkeit eines kennzahlengestützten Personalcontrolling
C. Dittmar / Frankfurt a.M. / 2001 / 65 Seiten / 29,50 EUR / ISBN 3-8324-3274-4